最難関大学合格への
PROCESS 4

設問予測で読む
英文読解の完成

国公立・早慶レベル

トフルゼミナール
野田 尚文 著

トフルゼミナール

はじめに

　本書は「PROCESS 英文読解」シリーズの第4弾です。第1弾が、難関入試問題の長文読解力形成の土台として「体得する」センスを身につけるためのものでした。第2弾は、必要不可欠の要素としての「文構造理解」に焦点を当てています。第3弾は、内容展開の「論理性」と「ドラマ性」をつかむことによって、長文の全体的理解を目指しました。そして、この第4弾。これは、最も難関と言われる大学の入試を突破するために、正解を得るための具体的スキルを多方向から鍛え、それを応用する意味での解法のテクニックを身につけてもらうことを目標としています。

　大学入試の長文問題をその出題意図から判断すると、大きく二つの観点がみられます。一つは、細部（この本では「narrow context」と呼ぶ）の精緻な読みを確かめようとすることです。もう一つは、パラグラフからパッセージ全体に及ぶ論旨（この本では「wider context」と呼ぶ）を問うことです。そして、読解問題の全ての設問形式は、この二つのアスペクトを必ず持っていると言えます。本書は、上記二つの観点をさらに精確化し、そこから読解問題の設問形式を分析し、13種類に分類しています。

　このように多様な入試の読解問題への対応には、これまた多様な読解力が必要です。それは言い換えれば、上の二つの観点から見て取れる「コンテクスト」を把握する力です。この「読解のスキル」＝文脈把握力をさらに精緻化し、6つ抽出して解説しています。

　以上の前提から、「読解スキルの設問形式」への応用―これはすなわち「出題者の出題の意図をつかむ」ことでもある―を実現しようとしています。

2013年3月
野田尚文

目次

はじめに ... 3
本書の構成と利用法 ... 6
本書のコンセプト ... 9
CD の使い方 ... 12

《理論編》読解スキルとは何か ... 13

Unit 1　narrow/wider context ... 13
Lesson 1　narrow context と wider context ... 14

Unit 2　読解スキルのアスペクト―narrow context ... 19
Lesson 2　文脈からの語意確定 ... 20
Lesson 3　センテンスの構造把握 ... 26
Lesson 4　指示表現の捕捉 ... 30
Lesson 5　文脈の標識の捕捉 ... 32

Unit 3　読解スキルのアスペクト―wider context ... 35
Lesson 6　paragraph patterns と main ideas の把握 ... 36
Lesson 7　passage 構成の把握 ... 56
Lesson 8　main idea を見つける読解法 ... 68

《応用編》読解スキルからの解法 ... 71

Unit 4　文脈からの語意確定 ... 71
Lesson 9　下線部語意確定 ... 72
Lesson 10　適語空所補充 ... 84

Unit 5　センテンスの構造把握 …… 99
- **Lesson 11**　語句整序 …… 100
- **Lesson 12**　パラフレーズ選択 …… 108
- **Lesson 13**　和訳 …… 120

Unit 6　指示表現の捕捉 …… 135
- **Lesson 14**　指示語捕捉 …… 136
- **Lesson 15**　指示語説明 …… 146

Unit 7　文脈の標識の把握 …… 157
- **Lesson 16**　センテンス整序 …… 158
- **Lesson 17**　適文空所補充 …… 168
- **Lesson 18**　パラグラフ整序 …… 186

Unit 8　paragraph patterns と main ideas の把握 …… 201
- **Lesson 19**　内容一致／内容正誤 …… 202
- **Lesson 20**　内容説明 …… 246

Unit 9　passage の構成と要旨の把握 …… 283
- **Lesson 21**　要約選択／要約記述 …… 284

本書の構成と利用法

本書は、「理論編」と「応用編」に分かれています。

《理論編》読解スキルとは何か　　　Unit 1 ～ 3（Lesson 1 ～ 8）
《応用編》読解スキルからの解法　　Unit 4 ～ 9（Lesson 9 ～ 21）

前半の「理論編」は、本書の導入部分にあたり、英語長文読解に必要なスキルの把握と習得を目指します。後半の「応用編」は、演習問題を中心に構成されており、ここでは、「理論編」で扱ったスキルを用いて、さまざまな長文読解の設問を解いていくプロセスを学びます。
　以下、学習の進め方です。

❖ 本書のコンセプト（p. 9 ～ 10）

　学習を始める前に必ず読んでください。とくに、「読解スキルの設問形式」への応用の表（p. 10）は、本書の意図を理解するために重要ですので、常に念頭に置いて学習に取り組んでください。

❖ 理論編　読解スキルとは何か

　Lesson 1 ～ 8 まで Unit のテーマにそって順番に学習を進めてください。各レッスンは、例文と解説で構成されています。

❖ 応用編　読解スキルからの解法

演習形式のレッスンです。Lesson 9 ～ 21 まで Unit のテーマにそって順番に学習を進めてください。各レッスンは Step 1 ～ Step 4 の 4 つの Step で構成されています。

Step 1　Forms of questioning and reading skills　「設問形式」と「読解スキル」

レッスンで取り上げている「設問形式」に対応する「読解スキル」は何か、を確認しましょう。

Step 2　Answering exam questions　入試形式の問題を解く

これまでの学習の知識を活かして、入試形式の問題を解いてみましょう。実際に出題された過去の大学入試問題を題材としています。

Step 3　Solutions　読解スキルからの解法

　設問形式に応じた解き方と解答を確認してください。自分の解答とその根拠とを照らし合わせてみましょう。「読解スキル」を応用して正答を導くプロセスの理解に努めてください。

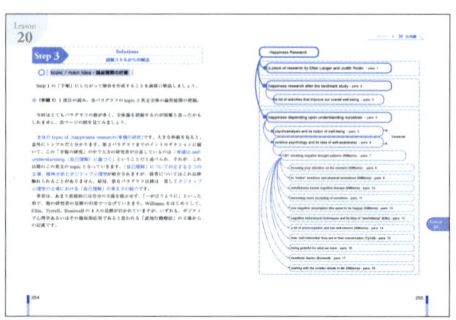

Step 4　Japanese translations　英文と和訳の確認

　問題の英文と和訳を、全体を通して再度確認しましょう。付属CDには、英文の音声が収録されていますので、英文の正しい発音の確認や、聞き取りに活用してください。

本書のコンセプト

1. 最難関校読解問題対策

　本書は、東大・京大・東京外国語大学をはじめとする国公立大と、早慶上智 ICU をはじめとする私大最難関校の英語読解問題の対策のためのものです。使用されている英文・問題も主に上記大学の入試問題となっています。ですが、大学学部別の傾向対策問題集ではありません。もっと汎用的に、長文読解問題の解法を取得してもらおうとしています。しかし、いわゆる「解法のテクニック」を伝授しようとするものでもありません。もちろん、時間配分とか、英文を読むのと設問を読むのとどちらが先がいいかとか、内容選択の選択肢中のどんな言葉に注目すべきとか、こういったことも得点に関係するでしょう。しかし、なんといってもしっかりした読解力なしには高得点は望めません。

　だとしたら、その「読解力」とは何でしょうか。今更の感があるかもしれませんが、僕は、次の3つにまとめられると思っています。

（1）言語運用力：語彙力、文法的な知識と分析力といったもの
（2）文脈（コンテクスト）把握力：主に論理的に、時には感覚的イメージを駆使して、話の流れをつかむこと
（3）社会文化的理解力：特にアカデミックな英文を読むのに必要な教養や、自分と違う文化圏の持つ感覚や価値観を理解すること

　この本では、「読解力」を「読解のスキル」として細分化して捉えようとしていますが、この「スキル」は、上の（1）言語運用力と（2）文脈（コンテクスト）把握力に関係しています。知らない語彙を推測できるように、（2）が（1）を補う面もありますが、おおざっぱに言えば、（1）があってはじめて（2）が可能と言えますね。いずれにしても目標とするのは、第一にこのスキルの向上です。第二に、そのスキルを長文読解の設問形式に応用するという意味での「解法」の取得です。

2.「読解スキルの設問形式」への応用

まず、下の表をご覧ください。

コンテクスト把握 設問形式＼能力	narrow contexts		wider contexts			
	文脈からの語意確定	センテンスの構造把握	指示表現の捕捉	文脈の標識の捕捉	writing patternの把握	passage構成の把握
下線部語意確定	✓					
適語空所補充	✓	✓		✓	✓	
語句整序	✓	✓				
パラフレーズ選択	✓	✓	✓			
和訳	✓	✓	✓			
指示語捕捉			✓			
指示語説明			✓			
センテンス整序			✓	✓		
適文空所補充		✓	✓	✓		
パラグラフ整序			✓	✓	✓	
内容一致／内容正誤					✓	✓
内容説明					✓	✓
要約選択／要約記述					✓	✓

左の「下線部語意確定」以下の縦列は、難関大学の長文読解問題に頻出する設問形式です。そして、上の見出しの横列が、「読解のスキル」です。

横列の項目について、少し説明しましょう。（詳しい説明がこの本の前半部分「理論編」(p. 13 ～ 70) にあたります。）

コンテクスト把握：上述したように、おおむね「読解のスキル」＝「コンテクスト把握力」と捉えられます。もちろんその土台としての「言語運用能力」を含んでいます。
narrow context：1 ～ 3 センテンスぐらいの狭い範囲の文脈のことです。
wider context：narrow context を超える範囲、パラグラフ・パッセージの全体に及ぶ文脈のことです。

「文脈からの語意確定」〜「passage 構成の把握」:これらが「読解スキル」(表での「能力」)の細分化されたサブ・カテゴリーです。

　この表が示しているのは、**「左の縦列の設問形式に対応し、正しい答えを導き出すための主要なスキルは何か」**です。もちろんどの設問形式も、大きくいえば全ての読解のスキルを必要としています。たとえば、「適語空所補充」は、「指示表現」が捕捉できなくても大丈夫だということではないし、「内容説明」や「要約」は、「センテンスの構造把握」が関係ないわけでもありません。しかし、フォーカスしているスキルが違うと言えます。

　ところで、出題者の大学の先生方は、皆さんの英語の「読解力」を調べて評価するために問題を作成しているわけですが、その際、「どういう読解のスキルを調べようか」「そのためにどのような設問形式にしようか」と考えていることでしょう。つまり、**「読解スキルの設問形式」への応用ができるようになる**ということは、**「出題者の出題の意図をつかむ」**ことと等しいのです。これこそ本当の「解法」ですね。

CDの使い方

　本書付属の CD は、**ネイティブのナチュラルスピードで収録されています**。本書の学習を通して取り組んだ英文の意味を確認しながら、聞いたり音読したりして、普段の学習に用いてください。また**各トラックは英文のパラグラフ別に収録されています**から、練習したい段落をリピートして聞くのに最適です。英文を音声のみで聞いて自然に理解できるようになるまで練習しましょう。

　下の表は収録された音声の一覧になります。丸数字（❶〜）は、各英文の段落（またはパラグラフ）番号になります。

CDの内容

CDトラック番号	Lesson 番号	パラグラフ数
1 ~ 7	Lesson 9	❶~❼
8 ~ 10	Lesson 10	❶~❸
11 ~ 12	Lesson 11	❶~❷
13 ~ 19	Lesson 12	❶~❼
20 ~ 23	Lesson 13	❶~❹
24 ~ 26	Lesson 14	❶~❸
27 ~ 29	Lesson 15	❶~❸
30 ~ 31	Lesson 16	問題1：❶　問題2：❶
32 ~ 38	Lesson 17	❶~❼
39 ~ 45	Lesson 18	❶~❼
46 ~ 58	Lesson 19	冒頭文：❶　Speaker 1：❶~❹ Speaker 2：❶~❹ Speaker 3：❶~❹
59 ~ 76	Lesson 20	❶~⑱
77 ~ 82	Lesson 21	❶~❻

Process 4
英文読解の完成

《理論編》
読解スキルとは何か

Unit 1
narrow/wider context

// Lesson 1 // narrow context と wider context 14

Lesson 1

narrow context と wider context

　「解釈学的循環」という言葉を知っていますか？ディルタイやガダマーといった哲学者たちが問題にしていることですが、実は英文読解と大いに関係があります。ごくラフに言えば、次のようなことです。テキスト（もっと広げて様々な表現物と言ってもいい）を正しく理解するためには、部分をしっかり読んでそれを積み上げていって全体の理解に至ると言えますが、その一方で、全体の理解があってはじめて部分の意味がはっきりするということがあります。この部分と全体の行ったり来たりが「循環」です。

　文字を連ねたテキストでは、この状況はある意味で厳しさを増します。例えば大きな壁画を見るとしましょう。まず、少し離れた場所に立って、全体の構図を眺め、全体の印象を得ることになるでしょう。「おお、ずいぶん壮大な絵だなぁ。様々な人々が集い、中心にはどこか神々しい人物が見える。背景には街並み、その向こうには雪を頂いた山々が聳えている。人と街と自然が重層的な一つの世界を作っている…。」それからおもむろに近づいていって、好きなところから（人物でも家並みでも山でも）じっくり部分を見つめることになりそうです。「この人物の衣装は当時の貴族のものだな。絵の具を何度も上塗りしているようだが、実に鮮やかで、彼の目に吸い込まれそうだ…。」

　テキストはこうはいかないのです。タイトルでもついていれば、全体についての一定の先行的理解が得られるかもしれませんが、どうしても最初の一行目から読んでいくしかありません。つまり部分から出発するしかないのです。しかもその部分は最初から読むべき順序が決まっていて、好きなところから始めるわけにはいきません。

　さて、部分から全体へと理解が進むのは当然としても、全体の論旨が部分の意味を決定するとはどのようなことでしょうか。

　ある女性からメールをもらったとしましょう。最初の一行目にはこうある。「あなたのことが大嫌い！毎日教室で会うのがたまらなく嫌…」こりゃずいぶんと嫌われちゃったな、とそう解釈して、怒ったり落胆したりするかも。しかし、読み進むと何だか様子が変だ。「あなたの視線が私の心に突き刺さる… あなたと同じ部屋の空気を吸ってると息苦しくてたまらない…」？？？そしてさらに読み進む

と「もういつだってあなたのことが頭から離れない、あなたがいない時、その分あなたの存在が私の中で大きくなる…」これでも最初の一行目の解釈を変えられない人は、到底難関大の長文を理解できない！「全体が部分の理解を決めて行く」ことが納得できたでしょうか。

今度は、本当に入試の長文を例に考えてみましょう。

例文

① Anyone who studies history could have anticipated the current "books-versus-Internet" debate, because every such innovation has been "disruptive." ② In ancient Greece, Socrates warned that writing would weaken the power of human memory. ③ At the end of the Middle Ages, Gutenberg's printing press was feared because it would "destroy" the intimate relationship between writers and their handwritten texts. ④ Typewriters, invented in the late 19th century, were reviled because they were noisy and the texts they produced were impersonal. ⑤ In the present era, computers have been blamed for slowing down writing, or speeding up writing, or even destroying the English language. ⑥ Now, with the spread of the Internet, many predict that actual printed books will disappear.

【訳】①歴史を研究したことがあれば、今の「書籍対インターネット」論争は、誰でも予想できただろう。なぜなら、こうした革新的なものは、これまでずっと「破壊的」だったのだから。②古代ギリシャで、ソクラテスは、ものを書くことは人の記憶力を弱める、と警告していた。③中世の終わりに、グーテンベルクの印刷機が恐れられた理由は、著者とその手書きの文章の間の親密な関係を「壊す」からということだった。④タイプライターは19世紀に発明されたものだが、うるさいし、これによって作られる文書は人間味がない、として嫌悪を抱かれた。⑤今の時代、コンピューターが責められてきた理由は、書くのが遅くなるとか速くなるとかであり、あるいは英語を破壊するとさえ言われてきた。⑥さて今、大方の予想では、インターネットの普及によって印刷される本が消えてなくなるそうだ。

最初のセンテンスだけを読んだだけでは、ふつうピンとこないでしょう。"books-versus-Internet" debate が何のことか分からない可能性もありますが、そ

Lesson 1

れ以上に、どうして innovation が disruptive なのか（普通は革新的なものは新しいものができるのだから創造的だね）、これがどうして「歴史研究」と結びつくのか、さっぱり分からない。しかし、このパラグラフ後半まで読んでいけば、「これまでもいろんな革新的技術が登場した時、大事なものを壊すと言って非難されてきたが、今から振り返ってみれば、そうした非難は根拠薄弱であり、現在インターネットが本を駆逐するように言われているのもその類だ」という趣旨だと判明します。

最初の「部分」だけ読んでも何が言いたいのか分からないが、パラグラフの「全体」を読めば、それははっきりしたというわけです。

長文を読む際、部分から読み始めて全体像を捉えるしかありませんが、その部分は、逆に、全体を把握してはじめてその意味がはっきりしてきます。当たり前といえば当たり前ですが、部分と全体の両方をつかんではじめて、両方が理解できるのです。

従って、「文脈が読めないと文章は分からない」と言ってもその「文脈」には2種類あるのです。その2つとは、narrow context と wider context です。長文の内容理解に文脈把握は不可欠ですが、その範囲は大きくこの2つに分けられます。そしてこの2つの視点でのそれぞれの文脈の「把握」すべき要点を押さえていきましょう。

では、それを確認していきます。

1. narrow context

narrow context（狭い範囲の、言い換えれば直近の文脈）とは、およそ前後1センテンスの範囲と考えてもらいたいと思います。長文読解の出発点になるこの範囲の文脈を捉えるには、次の4つのスキルを磨くことが必要です。

a. 文脈からの「語意」確定

「英語長文読解に語彙力が必要です」というのは、この本の読者には当たり前過ぎる話に聞こえるでしょう。しかしここで注目したいのは語彙の「知識」ではありません。文脈からその語の「語意」を確定する、解釈の一つの側面です。「単語集」の暗記だけでは身につかないことです。

b. センテンスの構造把握

　主語・動詞をはじめとする文型的要素、そして、名詞を修飾する形容詞的要素と名詞以外を修飾する副詞的要素、これらを特定し、そのセンテンスの中での役割を見極められる能力のことです。これがないと細部の正確な読みは不可能です。文法的知識は前提条件ですが、それをこのセンテンスの構造把握に活かすことが必要です。

c. 指示表現の捕捉

　人称代名詞・指示代名詞の類がこの典型です。「自分以外の何かを参照させる」という意味で「つなぎめ」の役割を担います。これがつかまえられないと、前後のセンテンスとの内容的な関連が分からないということになります。

d. 文脈の標識の捕捉

　指示表現が「物理的に」センテンス同士をつなぐとすれば、この「文脈の標識」は、内容的につなぎます。however や furthermore の類です。これらをおろそかにすると、やはり、前後の文脈は不明となります。

2. wider context

　パラグラフの全体／パラグラフ間に及ぶ論旨展開のことです。大学入試の長文、とりわけアカデミックな内容の教科書的ないし評論的文章を読むとき、「パッセージ全体の流れがつかめない」「細部は分かる気がするが、要約できない」ということはないでしょうか？　その原因は、論旨展開のパターンがつかめず、従って主旨もつかめない、ということですね。「論旨展開のパターン」とは、「例証」「比較」「列挙」といった、読み手を納得させるための方法を意味します。それがあってはじめて読み手は「主旨」を理解し納得することになるのです。

Process 4
英文読解の完成

《理論編》
読解スキルとは何か

Unit 2
読解スキルのアスペクト
—narrow context

Lesson 2	文脈からの語意確定	20
Lesson 3	センテンスの構造把握	26
Lesson 4	指示表現の捕捉	30
Lesson 5	文脈の標識の捕捉	32

Lesson 2

文脈からの語意確定

1. 類似関係

まず、以下の文の下線部 figures の語意が確定できるでしょうか。

例文

① What makes the human brain so special is the complexity of the patterns it can recognize. ② Our brains can adapt to very obscure patterns hidden in input received over long periods of time. ③ Understanding language, appreciating music, and practicing science all require the recognition of subtle associations. ④ Indeed, the tests we use to measure intelligence consist of sequences of figures which have a non-obvious association. ⑤ The better you are at finding patterns, the better you score.

【訳】①人間の脳がこれほど特別なのは、認識しうる基本的な型が複雑なものであることによる。②我々の脳が適応しうる型は、非常に曖昧で、長い時間をかけて受け取られた情報の中に隠されているようなものだ。③言語を理解すること、音楽を鑑賞すること、科学を実践すること、これら全てが必要としているのは、微妙な結びつきを認識することである。④実は、知力を測るために我々が用いているテストを構成しているのは、いくつかの連続的な形態であるが、これらには一見して明らかではない結びつきがある。⑤基本的な型を見出すことができれば、それだけテストの点数がよくなるのである。

figure という語は、大学入試に必須のものであるので知ってはいると思います。おおよそありうる意味としては、以下のようなものです。

【名詞】形、形態；図表、挿絵；姿；人物；体形、スタイル；象徴；数字；数量
【自動詞】計算する；人目に付く；関係する
【他動詞】〜を数字で表す、計算する；〜を図形に表す；〜を象徴する；〜を心の中に描く；〜と思う［判断する・推測する］

まず、文構造を正確に把握して、このパッセージ内の figures は名詞であるということが分からなくてはなりません。これについては、次の「センテンスの構造把握」のレッスン（p. 26）に譲るとして、いくつかある名詞の意味として、ここでは何が当てはまるかが問題です。
　実際の読解作業の場面ではほぼ無意識的に行われねばなりませんが、その時の「頭の働き」を少し分析的に記述してみましょう。

　まず、Indeed 以前の文脈の主旨—人間の脳がこれほど特別なのは、認識しうる基本的な型が複雑なものであることによる—も大いに参考にすべきですが、これは wider context に関係することになるので、ここでは触れません。最後の２つのセンテンスだけを問題にします。

the tests we use to measure intelligence → 人間の「知力」を測るテストの話。そのテストを構成しているのが figures であるが、それは、have a non-obvious association（一見して明らかでない結びつきがある）。

　この時点で、人間の話ではないので「人物」、「体型」、「（体の）スタイル」とは無関係と判断されます。さて次のセンテンスでは

The better you are at finding patterns, the better you score.（基本的な型を見出すことができれば、それだけテストの点数がよくなるのである）

とあります。つまり、figures と patterns は、同意とは言わないまでも、深い関係にあることは間違いありません。figures の連続の中に patterns を見つけるテストだということが分かるからです。「挿絵」、「数字」、「数量」とは無関係だと分かるでしょう。「形態」ということだという「解釈」が頭の中に形成されてきます。

　「語彙力＝語彙の知識」ではない、ということが納得できたでしょうか。「知識はいらない」というのではもちろんありません。解釈の可能性である「辞書的」訳語を丸暗記していても、それだけで、文脈からの語彙について、正しい解釈ができるわけではないということです。

　それでは、どのようなスキルを鍛えれば良いのでしょうか。それは、narrow

Lesson 2

context 内の、次のような意味の「つながり」に注目することです。

1）類似関係　　2）対比関係　　3）因果関係　　4）例示関係

ちょうど上記で行われていた figures の語意確定は、1つ目の「類似関係」にあたります。patterns という語の意味「型」が、figures の意味「形態」の連続の中にあるものとして、この2つの語が、指示対象を共有しているというべきでしょうが、簡単に言えば「この context では類似した意味を持つ」と言っていいでしょう。

さて、それではその他の3つの「関係」について調べてみましょう。まず、「対比関係」から始めることにします。

2. 対比関係

まず、以下の文の下線部 valid の語意が確定できるでしょうか。

例文

① I strongly doubt, therefore, that science (=neuroscience) will ever provide a complete explanation for human behavior. ② On the other hand, neuroscientists can make many <u>valid</u> contributions to our understanding of how various behaviors can arise.

【訳】①それゆえ、神経科学が、人間の行動について完璧な説明を提供するなどということには、私は強い疑いを持っている。②だが一方、多様な行動がどのように生じうるかについての我々の理解にとって、神経科学者たちは、多くの妥当な貢献をなしうる。

narrow context からの語意確定のスキルが役立つのは、前述の figures の例のように多義語の解釈の場面だけではありません。場合によっては知らない単語の意味の推測にも役立ちます（だからこの能力が高い人は知らない単語をあまり恐れることもない）。

ここでは、下線の語 valid を知らなかったとします（知っているでしょうが）。この語を含む narrow context 内には、On the other hand という重要な「文脈の

標識」が含まれています。文脈の標識の重要性一般については、あとのレッスン (p. 32) で述べますが、ここでは、「対比関係」を示していることに注目してほしいと思います。neuroscience (neuroscientists)（神経科学〈者〉）についての著者の評価という観点から、いわばマイナスとプラスの評価が対比させられています。On the other hand の前では、神経科学の完璧な説明能力を否定しています。そしてこの言葉の後では、人間行動についての理解にとって valid な貢献をなしうる、と肯定的評価をしています。ここから valid の意味が、肯定的意味での、何らかの「良い」貢献であることかが分かります。「妥当な」まで出てこなくても、頭の中には「役に立つ」、「有効な」等々の意味が浮かんでくるはずですね。

もっとも、このパッセージで下線を引いた valid も、figure ほどではありませんが、いつも同じ意味とは限らないのです。主に 3 つの意味があります。

1. 〈議論・理由などが〉（事実・論理に基づき）妥当な、正当な、根拠の確かな；重要な、深刻な
2. 〔法律〕〈契約などが〉有効な、合法的な
3. 〈切符・方法などが〉〔…に〕効力がある

ここでは、法律や切符の話と無関係なので、1. の「妥当な」、「重要な」であることが判明します。

3. 因果関係

次は、「因果関係」です。具体的に目に見えるような原因—結果の関係だけでなく、前提—結論、手段—目的、条件—帰結といった関係も広い意味でこれに含めて考えます。

例文

① People in a novel can be understood completely by the reader, if the novelist wishes; their inner as well as their outer life can be exposed. ② And this is why they often seem more definite than characters in history, or even our own friends.

Lesson 2

【訳】①小説の中の人間は、小説家が望めば、読者によって完全に理解されうる。その人間の外的生活同様内的生活もあらわになることになり得る。②そして、こういうわけでこの人間達は、歴史上の人物、あるいは自分自身の友人と比べてさえも、よりはっきりしたものに見える場合が多いのである。

下線の characters という語が、ここでは「人物」であることは、おそらく意識するまでもなくつかめていることでしょう。しかし考えてみれば、この語には以下のような多様な意味があります。

性格、個性、特徴
人格、人柄、品性
身分、地位
登場人物、キャラクター、役柄、人物
変わり者、個性的な人、面白い人
文字

それでは、なぜ「人物」という意味が浮かぶのでしょうか。this is why に注目します。this の内容は、前文です。つまり、「小説の中の人間（＝登場人物！）は、読者にとってあらわにされうる」ということです。why 以下は、その結果という関係になっています。すなわち「小説の中の人間は歴史上の characters や友人よりはっきりしていると思えることが多い」です。この解釈においては、people in a novel の people と characters のあいだの「類似関係」も重要ですが、それをつかむには、そもそもこの２つのセンテンスが、「因果関係」で結ばれていることを押さえておく必要があったはずです。

※ 4. 例示関係

最後に「例示関係」ですが、例は必ず一般的・抽象的なものと具体的・個別的なものを結びつけるのですから、「一般―個別関係」と言ってもよいでしょう。抽象的な意味を持つ語句も具体例でよく分かるし、逆に、具体例の中に知らない語句があっても、他の例や、その例を含む一般的意味の語を見れば、例として言わ

れている語句の意味を推測できるというわけです。

例文

① However, the idea of democracy extends much further than liberal democracy to include variants such as 'aggregative' or 'elective' democracy, 'deliberative' democracy and 'radical' democracy, among others.

【訳】①しかしながら、民主主義という概念は、自由民主主義をはるかに超えて広がり持つものである。ここに含まれる変種は色々あるが、例えば、「集計」ないし「選挙」民主主義だとか、「熟議」民主主義だとか、「参加型」民主主義だとかである。

　仮に、such as の前の variants が分からないとしましょう。「民主主義の概念は、…variants を含む」とあります。such as 以降に挙げられている語句を見れば、…democracy というのが並んでいます。ここから、少なくもここでの variants は、民主主義の概念が含んでいるもので、いろんな「…民主主義」がその例だと分かります。「変種」であることは明らかでしょう。

Lesson 3

センテンスの構造把握

　さて、単語の次に大きな、文章の構成単位は何でしょうか。詳しくいえば、それはまず 2 語以上から成る「語句」(phrase) であり、S + V の一組を持つ「節」(clause) ですが、次にはセンテンスが来ます。センテンスの意味を正しく読み取る出発点は、その構造を正確に捉えることです。

　この本の読者であれば、短いセンテンスの構造について把握できないことはないでしょうし、読みながら「文構造を捉えている」という意識もないでしょう。それでも、数行にわたる長いセンテンスで、カンマやダッシュを含んでいたりする場合、読み直してみてもなお、その構造が分からないということがあるでしょう。さらに、そのセンテンスに含まれる全ての単語を知っている（調べる）としても、やはり分からないということもあるでしょう。

　読解作業という実践的な場面で、「文構造を捉える」とは、何を意味するのでしょうか。それは大きくいうと 2 つあります。

（1）文型要素を把握する
（2）修飾関係を把握する

の 2 つです。

（1）いわゆる伝統文法の「5 文型」というものを知っているでしょう。その 5 つの文型に出てくる 4 つの要素、主語（subject）、動詞（verb）、目的語（object）、補語（complement）が文型要素です。

（2）もう一つの文の構成要素である修飾関係は、さらに 2 つに分けられます。

　A. 形容詞的修飾
　B. 副詞的修飾

です。形容詞的修飾は、名詞相当語句（名詞とその仲間）を修飾し、副詞的修飾は、

名詞以外を修飾します。ここで「名詞以外」とは、動詞、形容詞、副詞、節、文（センテンス）のことと考えてよいでしょう。

　ところで、形容詞的修飾は、もちろん単独の形容詞に限りません。前置詞句、不定詞の形容詞用法、分詞の形容詞用法、先行詞を持つ関係節も含まれます。一方副詞的修飾の方にも、前置詞句、不定詞の副詞用法、分詞構文、（従位接続詞に導かれる）副詞節があります。

　ずいぶん文法用語が並んでしまいました。「こんなこと意識していたらかえって読めない！」と抵抗したくなっている人がいるかもしれませんね。でも心配することはありません。普段は無意識的にできていることなのだから。こんな文構造の把握が必要になるのは、長くて複雑な文で、しかも内容が抽象的であったりする場合なのです。（これは日本語でも変わりませんね！）

　さて、それでは、どうすれば文構造の正確な把握ができるのでしょうか？もちろん上で確認したような文法的概念がよく理解できていることが前提ですが、一つのとても重要なルールがあります。それは、

　センテンスは、常に頭から、語順に従って、フレーズごとに読んでいく！

ということです。どうも日本語のネイティブスピーカーはこれが苦手なようです。「英語を読む＝日本語に訳す」という等式に従って英語を読むとすると、どうしても語順を変えざるを得ない時が多いのです。名詞の後に不定詞や分詞の形容詞修飾がついていると普通後ろから名詞にかけて読むし、主節の後に関係節が続いたり、though や before で始まる副詞節が続いていたりすると、これまた普通は後ろから「ひっくり返して」読むことになるからです。

　少し実例で確認してみることにしましょう。

> **例文**
>
> Ethics is the sum of my duties, in other words of the imperatives which I believe to be legitimate—even if from time to time, as everyone does, I break them.

　このセンテンスには、名詞を後ろから修飾する前置詞句 of my duties、of

Lesson 3

the imperatives が含まれています。また、the imperatives を後ろから修飾する which I believe... という関係節（形容詞節）とその関係節中の which I believe to be legitimate を修飾する副詞節 even if... およびその副詞節中の I break them を修飾する副詞節 as everyone does が含まれています。最後の副詞節2つを除いて、全て名詞の後置修飾ですが、それらを全て日本語の一般的構造に合わせて後ろから訳してみると、こうなります。

倫理というのは、私の義務の、言い換えれば時にはみんながするように私がそれらをやぶることがあるとしても、私が合法的であると信じる責務の、総体である。

（この訳は一般的な受験生の書きそうな訳文ですが、正しいとしても上手とは言えませんね。和訳問題のアプローチについてはまたあらためて「応用編　読解スキルからの解法」(p. 120) のところで述べますが、ここでは、センテンスの内容理解の観点からのみ考えることにします。）

このセンテンスを理解するのに、上の日本語訳に到達しないと分からないとしたら、とても時間がかかりそうです。おまけに、たとえこの日本語訳が頭に浮かんだとしても、あまりよく理解できないのではないでしょうか。なぜこうしたことが起るのでしょう？

一つには、日本語では基本的に名詞の後置修飾が（そして副詞節が主節に後ろからかかるといった構造も）ないということがあります。もう一つは、そもそも日本語では助詞（てにをは）の存在などによって、文中の働きが判りやすいので、語順の自由度が高いのに対し、英語は、語順のルールが厳しいという理由です。
日本語の名詞は、（もちろん例外もありますが）「は」がついていれば主語、「を」がついていれば目的語と判るので、文中の位置はあまり問題になりませんが、英語の名詞が、主語であるか目的語であるか補語であるかは、位置によって決まります。英語では、The teacher respected his classmates. と His classmates respected the teacher. の意味の違いは the teacher と his classmates の位置の違いだけで明確となりますが、「先生はクラスメイトを尊敬している。」と「クラスメイトは先生を尊敬している。」の違いは、（少なくとも）位置（だけで）では決まりません。「クラスメイトを先生は尊敬している。」もありうるし、「先生をクラスメイトは尊敬している。」も十分に明確な文となります。

結論として、英文は語順通りに読んでいかないと誤解してしまう危険が格段に高まるということです。後からの修飾を、いわゆる「返り読み」することは、センテンスの往復を繰り返すことで時間を無駄にし、行ったり来たりする間に「読み残し」（和訳の際には訳し忘れ）を生じさせる危険が増します。しかし最も深刻なのは、正しく解釈できなくなることです。

　ついでに言えば、英文の著者の頭の中では、基本的に頭に浮かぶ内容の順序通りに、フレーズも浮かんでいるはずです。その順序に従って読むことは、もちろん著者のリアルタイムな思考にそれだけ忠実についていくことになるでしょう。

　上記の英文を可能な限り語順通りに訳してみましょう。

Ethics is the sum of my duties, in other words of the imperatives which I believe to be legitimate—even if from time to time, as everyone does, I break them.

【訳】倫理とは、私の義務の総体のことだ。義務とは、言い換えれば、責務として合法的だと思えるもののことである。もっとも、時には、誰もがするようにこれを守らないことだってある。

Lesson 4

指示表現の捕捉

　センテンス単位での解釈は、「全体」の wider context の解釈が手に入っていない以上暫定的なものですが、それをつなげていくのが次の作業です。この作業をしていかないと、理解はセンテンスごとのバラバラなものにとどまり、パラグラフ単位の解釈に向かう道が閉ざされてしまいます。その「つなぎめ」には2種類あります。それが「指示表現」と「文脈の標識」です。ここではまず指示表現を見てみましょう。

　「指示表現」は英語で言えば referring expression ということになります。ここではこの言葉を次のように定義したいと思います。

「当の語句が示している意味の範囲を超えて、テキスト中あるいはテキスト外（読んでいる人が思い浮かべられるという意味で）の別の何かを参照させる（代わりになる）表現」

　少しややこしいですが、たとえば、人称代名詞、指示代名詞（形容詞）、the same、such、do so といった表現を思い浮かべてもらいたいと思います。
　この指示表現が、文脈として重要であることはよく分かっているでしょうが、具体例で確認しましょう。

例文

① Researchers created computers that could often do thinking tasks such as math and logic problems faster and more accurately than our brains could do them. ② Once these problems were mastered, the researchers moved on to trying to find the rules and symbols that would enable computers to do the thinking tasks we do in everyday life, such as understanding speech and recognizing visual images.

【訳】①研究者達が作り出したコンピューターで、しばしば可能となった思考作業とは、たとえば数学や論理の問題であり、これらの思考作業を行うことについては、我々の脳

に比べてより速くて正確だった。②いったんこうした問題をこなせるようになると、この研究者達はさらに進んで、我々が日常生活の中で行っている思考作業をコンピューターが行えるようにするための規則性や記号を探そうとした。それはたとえば、話し言葉を理解したり、視覚的なイメージを認識したりすることである。

　ここに下線を施した2つの指示表現は、2つのセンテンスの「つなぎめ」として重要な役割を持っていることが確かめられます。ここで述べられているのは、「コンピューターの研究者が実現する『思考作業』が2レベルあり、一つは、数学・論理の問題解決、そしてもう一つが言語やイメージの認知であること」と要約できますが、この2つのことが、「思考作業」という共通性を持ちながら、かつ段階的なものとして対比させられている、というコンテクストを把握するために、これらの指示語の捕捉は不可欠です。

　では、次に、普通我々があまり「指示語」として意識しないものを例としてあげてみましょう。

> **例文**
>
> ① What disgusts me is that the American government has pumped in a huge amount of our hard-earned dollars to save some selfish banks from going under. ② Yet what did these bankers do then? ③ They went on to reward themselves with fat bonuses! ④ Incredible. ⑤ And it was the same story in Europe, too.

【訳】①私に嫌悪を催させるのは、我々が苦労して稼いだ金を莫大な額注入して、利己的な銀行を何行か倒産の危機から救い上げたことだ。②しかしその後これらの銀行の幹部が何をしたか？③すぐ続けてやったことは、自分たち自身に多額のボーナスのご褒美を出したのだ！④信じ難いことだ。⑤さらに、これはヨーロッパでも同じ状況だった。

　この the same story（同じ状況）には、「何と同じ」なのかを示すはずの as... が存在しません。しかし、明らかに直前のセンテンスでの「アメリカの状況」―税金の投入で救われた銀行の幹部がそれでボーナスをもらう―と「同じ」だと言っています。これが把握されていなければ、最後のセンテンスの理解はゼロに等しいことになります。

Lesson 5

文脈の標識の捕捉

　「文脈の標識」は、「接続語」と言ってもよいのですが、品詞上のカテゴリーである「接続詞」よりずっと広い範囲のものを考えてほしいので、このような呼称を使いました。前述の「指示表現」(p. 30) が、主に「自分以外の何かの代わりになっている」としたら、この「文脈の標識」は、もっとずっと多様な仕方で「2つ以上の事柄を内容的に結び付ける」ものです。どのようなものがあるか、具体例が思い浮かぶでしょうか。一部を挙げてみましょう。

　例示：for example, for instance, such as, like
　対立：but, however, though, in contrast, on the other hand
　因果関係：because, why, reason, cause, effect, influence, therefore
　付加：also, moreover, in addition
　箇条書き：first, secondly, finally
　前後関係：before, after, then

　今度はいくつか具体的な文を見てみることにします。

例文

① It is not that total cooperation to authority in all contexts is desirable; it is that in certain situations where the good of the community is at stake, the complete acceptance of authority is more than helpful. ② Take, for example, a principle used by central governments in places such as desert regions where individuals are not allowed to keep for themselves a natural spring even if they own the very land on which it exists. ③ One-hundred percent cooperation in this sense prevents fights certain to develop over the scarce water resources.

【訳】①あらゆる文脈において権力に完全に協力することが、望ましいというわけではない。社会的善が危険にさらされるような一定の状況下では、権力を完全に認めることが、役に立つどころの話ではない。②たとえば、砂漠地域のような場所の中央政府の取るあ

る原則のことを考えてみよう。こうした場所では、個々の人が自分たちのために天然の井戸を確保することが許されていない。たとえその井戸がある土地そのものを所有していてもである。③こうした意味で、100 パーセント協同することで、乏しい水資源をめぐって必ず起る戦いを防ぐことになっている。

ここには 2 つの文脈の標識が含まれています。such as は、places の例としての desert regions を結び付ける極めてシンプルなものなので、意識するまでもないでしょう。しかし、for example の方は、それほど単純ではありません。for example は、言うまでもなく、「一般論」(広い範囲で通用する話)と「個別的」事例を結ぶのがその役割です。ここではどんな結び方となっているのでしょうか。

〈一般論〉
　状況によっては、権力のいうことに完全に従うことがその社会を救う。
〈個別的事例〉
　水資源が乏しい砂漠地域では、自己の権利を主張せず 100 パーセント協同することで戦いを避けることができる。

もう一つ、例文を見てみましょう。

> 例文
>
> ① The issue looks simple: human communication versus technique.
> ② However, we all know that in medicine it is never easy to separate the two.

【訳】①問題は単純に見える。すなわち「人間同士のコミュニケーション対技術」の問題だと。②しかしながら、誰もが分かっているように、医療においてこの二つを分けることは決して容易ではない。

この However が連結している関係は、「矛盾対立的」です。simple (単純) に見える human communication と technique の関係ですが、実はこの 2 つを区別するのが never easy (決して容易ではない)、と書かれています。「単純」であることと「容易でない」ことは普通両立しませんね。だから「矛盾対立的」なのです。

こうした文脈の標識は、前後 1 センテンスの narrow context においてのみ機

Lesson 5

能しているわけではもちろんありません。パラグラフの全体や、時には複数のパラグラフ間を結び付けることも多いのです。そして、そうした役割を担う時、この後述べる paragraph pattern（p. 36）を形成する connectives（連結要素）としての役割を果たすことになっていきます。その意味で、「文脈を追う」という文章読解の道具として、narrow か wider かにかかわらず、とても重要なものなのです。

Process 4
英文読解の完成

《理論編》
読解スキルとは何か

Unit 3
読解スキルのアスペクト
── wider context

- **Lesson 6** paragraph patterns と main ideas の把握 36
- **Lesson 7** passage 構成の把握 56
- **Lesson 8** main idea を見つける読解法 68

Lesson 6

paragraph patterns と main ideas の把握

　語句について意味が分かり、センテンスの構造が把握されてセンテンスの解釈が得られ、指示語・文脈の標識の把握によってセンテンス間の関連性をつかんだとします。さて、その次にはもっと大きな文脈の範囲が視野に入ってくることでしょう。それが、wider context です。一つのパラグラフは、ちょうど日本語の段落と同じように、ある共通の話題をめぐって書かれているのが普通です。そして、そのパラグラフがいくつかつながって passage となります。この passage もまた一つのテーマを共有するはずです（このあとには chapter だとか book が、そしてさらには、その book が成立し著者と読者が生きている文化的「文脈空間」とも言うべきものがあります）。

　そこで、これ以降は、paragraph から passage の範囲に及ぶ wider context とはどのようなものなのか、考察してみましょう。sentence を構成要素とする paragraph の構成のあり方が理解できれば、paragraph を構成要素とする passage の構成のあり方は、類比的に理解できるものだと思います。

＊　＊　＊　＊　＊　＊　＊　＊　＊　＊

　それでは、まず、paragraph の構成を考えることにします。最初にお断りしておきますが、以下のパラグラフ構成の話は、あくまで「平均的な」ものを念頭に置いています。多くの例外があることは、多くの英文に触れることによって（この本の中でも）分かっていくと思います。

　paragraph は、一般的に大きく 2 つの部分に分割されます。

- topic sentence(s) ―― topic と main idea を含む
- supporting details

　上記の 2 つです。topic sentence は必ずしも一文とは限らないので sentence(s) としました。この topic sentence には、普通 topic と main idea が含まれています。topic（主題）とは、そのパラグラフの全てのセンテンスによって共有されている「話題」のことです。「この paragraph は何についての話ですか？」とい

う問いに対する「何」に相当します。main idea（主旨）とは、その topic について最も重要であると受け止められるべき「内容」を意味します。

　一方、topic sentence(s) 以外の部分を supporting details と呼びます。日本語で言えば「根拠付けのための細部の話」ということになるでしょうか。この部分は、main idea を「説得的」なものにするための、説明部分であるとも言えます。その main idea が、何かを主張するものだとしたら、読み手がそれを納得できるようにするのが、この supporting details の目的です。

　以上の topic、main idea、supporting details という構成要素は、何も英語に限らず、また文章に限らず、言葉を使って人に納得してもらう場面で、話を構成するものです。たとえばこんな場面を想定してみましょう。

　大学に見事合格の夜、夕食の時に、父親におねだりをするとします。ここでの topic は「ラップトップ・コンピューター」です。合格直後という絶妙なタイミングを捉えて（これも話を成立させる context なわけですが）、「どうしてもラップトップ・コンピューターを買ってほしい」というのが、この「ラップトップ・コンピューター」という topic について一番言いたいことなので、この話の main idea です。

　さて、小学生のおねだりなら、ひたすら「買って、買って」と繰り返すのもありでしょうが、大学生にもなろうというのにそれでは芸が無さすぎますね。そこで、父親を納得させるために、いろんなことを話すことになるでしょう。「これからの大学経済学部での勉強に欠かせないから」と理由を述べたり、「自分のコンピューターがないと、いつもキャンパス内のコンピューター室に残って、帰宅が遅くなり、危険な夜道を歩かなければならないけど、自分のコンピューターがあれば、早く帰宅して家族と過ごし、危険な目にも遭わない」と、コンピューターが「ある場合」と「ない場合」を対比させるという手もあります。コンピューターを持っている友人の例を挙げて納得してもらうかもしれません。なぜラップトップ・コンピューターがいいのかという理由を、いくつも列挙することもあるでしょう…。といった具合に、自分の主張と父親の説得のために、話を組み立てることになります。この部分が supporting details ということになります。

Lesson 6

　以上のことをまとめて図で示すと、次のようになります。パラグラフにおいて、topic sentence(s) のある場所は、最初あるいは最後が多いということはあります。ただしこれはあくまで統計的に多いだけに過ぎないので、間違っても「パラグラフの最初だけ読めば何が書いてあるか分かる」などと思い込んではいけません。

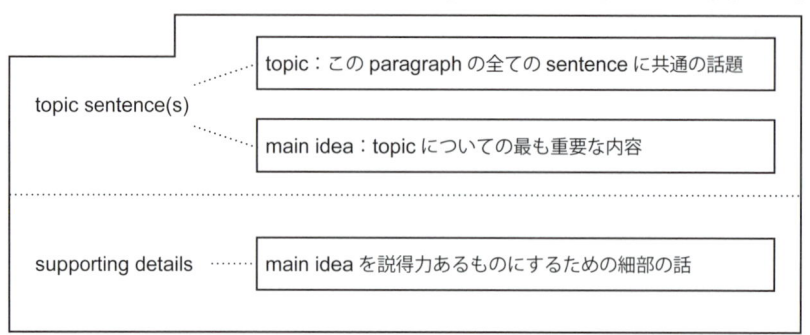

```
topic sentence(s) ┬── topic：この paragraph の全ての sentence に共通の話題
                  └── main idea：topic についての最も重要な内容

supporting details ──── main idea を説得力あるものにするための細部の話
```

　上記の「ラップトップ・コンピューターのおねだり」の例の中で、父親への説得の仕方として、「理由」を述べたり、「例」を示したり、「対比」をしたりするわけですが、こうした様々な説得の仕方は、いくつかの典型的なパターンとして分けることができます。こうしたパターンをその paragraph の内容構成の上の型という意味で、paragraph pattern と言ったり、もっと広く話の進め方の型として、writing pattern と言ったりします。

　次に、その pattern をいくつか実例を挙げながら確認していきましょう。

1. Facts and Examples—例示

例文

① Hiro is pretty skeptical about the growing eco-friendly movement in his country. ② For example, Japan is very famous for its hybrid cars which cut CO_2 emission rate by using both gas and electricity. ③ Still, one article Hiro sent us said that more carbon dioxide was produced in making these cars than in making ordinary ones. ④ Anyway, he firmly refuses to buy one because now the hybrid car has become a status symbol for rich people, who are the only ones able to buy such pricy "toys". ⑤ Hiro says, "Why don't they just take the subway?" ⑥ In some countries, ecology is used as an encouragement to consumerism.

【訳】①ヒロは、自分の国で環境に優しくしようという動きが増大していることに、相当懐疑的である。②たとえば、日本はハイブリッド・カーでとても有名である。ガソリンと電気を両方使うことで、二酸化炭素の排出割合を削減する自動車だ。③ところが、ヒロが我々の元に送ってきたある記事によれば、このような車を生産するほうが、普通の車を生産する際よりも、多くの二酸化炭素を生み出してしまうとのことである。④これはさておき、彼はハイブリッド・カーを買うことを断固として拒む。なぜなら、今ハイブリッド・カーはお金持ちのステータス・シンボルとなってしまっており、こんな高価な「オモチャ」を買えるのはこういう人たちだけだからだという。⑤「地下鉄に乗ればいいものを何でそうしないんだ。」とヒロは言う。⑥国によっては、エコロジーは消費主義促進のために使われている。

ふつう、人に読んでもらいたい内容には一定の普遍性があります。科学の法則のようなものを考えてみれば自明のことですが、「いつ・どこででも当てはまる」「誰にとっても原則的に理解可能である」といったことに価値があるはずです。

たとえば、A君という受験生がいます。彼が友達の前で「僕は勉強を始める時に、まず紅茶を入れて、クッキーを2、3枚食べてから始めるんだ。そうすると効率がいい気がする。」と言ったとしましょう。これは彼の個人的な「クセ」みたいなものだから、あまりみんなは興味を持って聞かないでしょう。でも、これに続けてこう話したらどうでしょうか。「ご飯食べたり、テレビ見たりしてリラックスしている時に、急に態度を変えて勉強にとりかかるというのは、それ自体ストレスでなかなかうまく行かない。でも、自分を『勉強モード』に変換させる『きっかけ』を作って、それを習慣にすればそれほどストレス無く勉強モードに移行できるんだ。『朝起きたら歯を磨く』のと同じように『紅茶を飲んだら英文読解に取り組む』というクセをつけるのさ。」さて、こう話されると、耳を傾ける友達も増えそうです。それは、A君の「紅茶を飲んで勉強」というのが、単に彼の個人的な事実にとどまらず、実はその事実を例として、「誰もが抱える問題を解決する可能性のある、どんな場合でも使えそう」やり方だと思われるからでしょう。「例を挙げる」というこの誰でも最初に思いつきそうな説得の仕方は、実は「個別的な事例によって普遍的な発言を根拠づける」やり方なのです。

Lesson 6

先程の英文で考えてみましょう。ヒロの立場をまとめるとこうなります。

日本のハイブリッド・カーは有名であるが、必ずしも二酸化炭素削減に貢献していない。むしろお金持ちのステータス・シンボル、高価なオモチャになっているだけだから、自分は決して買わない。

これが単にヒロという一個人の態度に過ぎないのならば、このパラグラフから得られるものは少ないでしょう。しかし、実はこのヒロの態度という個別的な事例は、彼の主張するもっと一般的・普遍的な懐疑（最初に skeptical と言っています）を裏付けるものだったのです。その「懐疑」の内容は最後のセンテンスで言われます。「国によっては、エコロジーは消費主義促進のために使われている」という内容でした。

このような論旨展開のパターンを Facts and Examples（例証）と呼びます。このパターンでの構成をまとめると以下のようになります。

《**main idea**》
　　一般的普遍的内容。supporting details は、通常個別的事例。
《**signal words**》（このパターンであることを示すヒントとなるような語句）
　　for example、for instance、such as、like（先に述べた「例示」の文脈の標識となるような語句。p. 32）。それら以外では、illustrate、demonstrate、exemplify といった動詞など。

2. Comparison and Contrast—比較と対比

日本語で言えば「比較と対比」です。ここでは「比較」と「対比」を分けて考えたいと思います。どちらも「比べる」ことに変わりはないのですが、前者の「比較」によって見いだされるのが「共通点や類似点」であるのに対し、後者の「対比」において見いだされるのは、「差異」であるということにしましょう。それでは、まず「比較」の例を確認します。

例文

① One of the critical stages occurs at about the age of two years and can be very trying to a parent, tempting him to resolve the situation in a decisive manner which is not conductive to the growth of competence in the child. ② Most children go through a stage of experimentation and exploration of feeding, for example, in which the child insists upon doing it himself and brooks no interference or suggestion from parents. ③ Often the child's activity seems inefficient and time-consuming to the parent, who in exasperation finally intervenes or takes over, wrests the spoon from the child and shovels the mashed and scattered food in his mouth. ④ Ideally, the parent would allow the child to gain coordination and competency through manipulating his utensils and feeding himself. ⑤ Similarly, the teacher may later discourage the autonomy strivings of the young child who is fumbling with words, trying to make a circuit with the batteries upside down, or otherwise engaged in awkward or inefficient behavior, by taking over and doing for the youngster what he wishes and should be allowed to do for himself.

【訳】①二歳ぐらいの時に、重要な段階の一つが訪れ、これが親にとってはとても難儀である。親としては決定的なやり方で事態を解決したいという気になるが、そうすることは子供の能力を高めるように導くことにならない。②たいていの子供は、実験や探求の段階を通っていくことになるが、その一例として食事を取るという行為がある。この時子供はどうしても自分でやると主張し、親が手を出したり、こうしたらいいと言ったりすることに耐えられない。③親にとっては、子供の行動は効率が悪く時間もかかると思われることが多く、いらだちのあまり最後には手を出す、つまり代わりにやってあげることになる。子供の手からスプーンをもぎ取って、つぶされてバラバラにちらかった食べ物をすくって子供の口に放り込むのである。④理想から言えば、この親は、その子が自分の道具をうまく使って自分で食べることを通じて、運動神経と能力を身に付けるようにさせられたであろう。⑤同じように、幼い子供の、自立努力に、教師が水を差すということもある。その子は、なかなか上手く言葉が出てこなかったり、電池を逆にして電気回路を作ろうとしていたり、そうでなくても何か他に不器用だったり効率の悪い行為に携わっている。その子が自ら望んでいて独力でやらせるべきことを、教師が取って代わってやってあげてしまうのだ。

まず、「何かが比べられている」と気付いたら、比べられている「対象」が何な

Lesson 6

のかをしっかり押さえる必要があります。Similarly という語に注目すれば、その、似ている、と捉えられているものが見えてきます。この英文では「親―幼児関係」と「教師―児童関係」がそれです。そして同時に、この比較がどのような「観点」から行われているのかが把握されていなくてはなりません。それは言い換えれば比較が可能となっている「共通の場」といっても良いでしょう。何の共通点もないものはふつう比較できません。鉛筆とハンバーガーとか、くじらと三角形とか、ふつう比較できないでしょう。(もっとも前者に「学生生活に欠かせないもの」とか、後者に「丸くおさめるのが難しいもののたとえ」とか、ムリヤリ共通点を設定して比べられないこともありませんが。)

　上記の英文における、この比較の観点ないし共通基盤は、「子供の自立的成長」と言えます。そしてもちろん、最も大事なのは、比較して何が得られるか、です。比べた以上は、「類似（共通）」か「差異」、もしくはその両方が得られるはずです。ここでは、「子供の自立的成長」という観点から、「親―幼児関係」と「教師―児童関係」を比べて、「大人の間違った助力が子供の自立的成長を妨げる」という共通点を見いだしているのです。

　では次に、Contrast（対比）の例を見てみましょう。

> **例文**
>
> ① We may destroy the planet instead of saving it, largely because we are such free-thinking, creative, restless explorers and adventurers, so unlike the billions and billions of cells that compose us—slavish workers laboring without knowing or caring who we are or, for that matter, what they are. ② Brains are for anticipating the future, so that timely steps can be taken in better directions, but even the smartest of beasts have very limited foresight, and little if any ability to imagine alternative worlds. ③ We human beings, in contrast, have discovered the mixed blessing of being able to think even about our own deaths and beyond. ④ A huge portion of our energy expenditure over the last ten thousand years has been devoted to relieving the concerns provoked by this unsettling new perspective that we alone have.

【訳】①我々（人間）は、この惑星（地球）を救うのでなく、破壊するかもしれない。主な理由は、我々がこれほど自由に思考し、創造力に富み、休みなく働く探検者であり冒

険家であるからだ。我々自身を構成している何十億の細胞とは似ても似つかない。細胞は奴隷のように働き続け、我々が誰であるかを知らず、それを言うなら細胞自身が何であるかも知らない。②脳というものは未来を予期するためのものである。そうやってよりよい方向に向かうような手段をとることもできる。しかし最も賢い動物でさえも、予見できることは非常に限られていて、この世界以外の別の世界を想像する能力は、たとえあったとしてもゼロに近い。③対照的に、我々人間は、自分自身の死や死後についてさえ考えられるという、よくも悪くもある自らの能力に気付いている。④この１万年間にわたって我々が使ってきたエネルギーのうち、膨大な部分が、不安を取り除くために費やされてきたのである。我々だけが持つこの動揺せざるを得ないような新しい視角が、この不安をかき立てている。

　まず、in contrast という語句に気付けば、ここでの対比の対象が、「人間」と「人間以外の生き物」であることが分かるでしょう。後者には、人間の個体を構成する「細胞」や「動物」が含まれています。次に、比較の観点は何でしょうか。それは「考える能力」です。そしてこの観点から両者を比べてみた結果、大きな「差異」が見いだされると言っています。それは、人間以外の生物体が「自らを理解できず、未来を予期できず、別の世界を想像できない」のに対し、人間だけが、「死後と未来を常に考えそれに不安をも覚える」存在だということです。

　それでは、この Comparison and Contrast のパターンについてまとめておきましょう。

《**main idea**》
　　　　何についてどういう観点から比較した結果どのような類似 and/or 差異
　　　　が見いだされるか。(比べられる対象・観点・結果)
《**signal words**》
　　　　compare、in comparison などの他、以下のようなもの。
　　　　● 類似や共通点を示す「比較」：the same、similar(ly)、common、
　　　　　share、as ... as 等々。
　　　　● 差異を示す「対比」：but、however、though、in contrast、on the
　　　　　other hand（先に述べた「対立」の文脈の標識となるような語句。
　　　　　p. 32）。それら以外では、比較級などを使った比較表現、rather、
　　　　　prefer、different 等々。

Lesson 6

3. Cause and Effect—因果関係

「文脈からの語意確定」のところで述べたように、具体的に目に見えるような原因—結果の関係だけでなく、前提—結論、手段—目的、条件—帰結といった関係も広い意味でこれに含めて考えましょう。

例文

① It is no surprise that the most complex features of the Universe, which proved most reluctant to yield to the traditional methods of scientific investigation, should exist on our scale. ② Indeed, we may be the most complex things there are in the Universe. ③ The reason is that on smaller scales entities such as individual atoms behave in a relatively simple way in their one-to-one interactions, and that complicated and interesting things are produced when many atoms are linked together in complicated and interesting ways, to make things like people. ④ But this process cannot continue indefinitely, since if more and more atoms are joined together, their total mass increases to the point where gravity crushes all the interesting structure out of existence. ⑤ An atom, or even a simple molecule like water, is simpler than a human being because it has little internal structure; a star, or the interior of a planet, is simpler than a human being because gravity crushes any structure out of existence. ⑥ And that is why science can tell us more about the behavior of atoms, and the internal workings of the stars than it can about the way people behave.

【訳】①これは驚くにあたらないことだが、宇宙で最も複雑な特性、それらは、伝統的な科学的研究の方法に屈することに最も抵抗するものであることが判明したわけだが、そうした特性は我々人間の大きさにおいて存在している。②確かに、我々は宇宙に存在する最も複雑なものかもしれない。③その理由としては、もっと小さな規模では、たとえば個々の原子のような存在は、一対一の反応を行う中で比較的単純な仕方で行動するということがある。おまけに、複雑で奇妙なものが生み出されるのは、多くの原子が複雑かつ奇妙な仕方で結合する場合であり、それが人間のようなものを作り出すのである。④しかし、このプロセスが限りなく続くことはあり得ない。というのも、より多くの原

子が結合していけばいくほど、その質量が増加していって、あらゆるそうした奇妙な構造が重力によって押しつぶされ、存在しえないところにまで到達してしまうからである。⑤一つの原子、あるいは水のような単純な一つの分子も、ひとりの人間よりは単純であるが、その理由は、それが内的構造をほとんど持っていないためである。一つの星、あるいは一つの惑星の内部がひとりの人間よりも単純なのは、重力のせいでどんな構造でも押しつぶされ、存在しえなくなるからである。⑥そして、こうした理由から、人間の行動の仕方についてよりも、原子の行動や星の内部の働きについて、科学はより多くのことを教えてくれる可能性があるのだ。

　このパラグラフの最初の方にある The reason（第3センテンス）と最後の方にある that is why...（第6センテンス）という表現を気にしてもらいたいと思います。これらの signal words が、このパラグラフの因果関係を中心とした論旨展開をはっきりさせています。それではまず、最初の The reason が結ぶ関係を確認してみましょう。

「人間が最も複雑な存在者である」（結論）
　　　　　↑
「小さな規模の存在者は単純な行動をとり、大きな規模の存在者はその質量の大きさゆえに複雑な構造を持ちえない」（前提）

となります。では、後の that is why... が結んでいる関係はどうでしょうか。

「小さな規模の存在者は単純な行動をとり、大きな規模の存在者はその質量の大きさゆえに複雑な構造を持ちえない」（条件又は理由）
　　　　　↓
「人間の行動の仕方についてよりも、原子の行動や星の内部の働きについて、科学はより多くのことを教えてくれる」（帰結）

　というわけで、このパラグラフを要約すれば、以下となります。

「小さな規模の存在者は単純な行動をとり、大きな規模の存在者はその質量の大きさゆえに複雑な構造を持ちえないので、人間ぐらいの大きさの存在者が最も複雑な構造を持つことになる。それゆえ、人間の行動の仕方についてよりも、原子の

Lesson 6

行動や星の内部の働きについて、科学はより多くのことを教えてくれる」

　このように、原因―結果の連鎖によって展開される構成パターンが、Cause and Effect です。これまでの2つのパターン同様、要点をまとめます。

《**main idea**》
　　どのような原因／理由／条件から、どのような結果／主張／帰結が結びついているのか。
《**signal words**》
　　前述の「因果関係」を示す文脈の標識（because、why、reason、cause、effect、influence、therefore 等々）(p. 32)。それ以外に、lead、bring about など多くの動詞（句）がヒントとなる場合も多い。

4. Enumeration―列挙

　「列挙」とは、いくつかのことを「まず第一に」「第二に」「最後に」などと、「箇条書き」式に述べるものが典型です。注目すべきことは、これら区分された複数の項目的内容の間には、必ず共通性があることです。その点では Comparison and Contrast の場合の「共通の基盤」と類似した要素を持っています。「第一に神話、第二に携帯電話、第三にうどん、第四に軍事的介入…」さてこれは何を列挙しているのか、余程想像力をたくましくしないと分かりませんね。しかし「第一に環境、第二にエネルギー、第三に民族、第四に市場」であれば、これだけでは曖昧とはいえ「現代社会の問題・状況を示すキーワード」だと解釈する人は多いでしょう。こうした「共通要素」を捕捉することが重要です。具体例を読んでみましょう。

例文

① Wesley Milner identifies four features of democratic regimes that suggest that 'the more democratic a government, the more likely it is to guarantee basic human rights'. ② The first feature is the fact that democracies value bargaining and compromise above coercion and so citizens of democracies tend to be exposed to and suffer less violence from those in power. ③ These values protect citizens from abuses and thus their human rights are less likely to be abrogated. ④ Secondly, democracies have institutionalised procedures that allow citizens to remove abusive leaders from power. ⑤ This acts as a constraint on leaders and if the constraint fails to reign in abusive officials they can be replaced. ⑥ Thirdly, the civil liberties that citizens enjoy in a democracy allow abuses of power and human rights violations to be publicised and therefore violators can be subject to legal consequences and, ultimately, to the democratic process. ⑦ Finally, democracy is 'better equipped' to satisfy the basic needs of its citizens. ⑧ This is important because the capacity to exercise one's human rights requires access to some minimum level of resources and so the claim here is that democracies do a better job of providing their citizens with the resources needed to enjoy and exercise their human rights.

【訳】①ウエスリー・ミルナーは、民主主義政体の4つの特性を確認している。それらの特性が示唆するのは、「ある政体が民主的であればあるほど、それだけ基本的人権が保障される傾向がある」ということだ。②第一の特性となる事実とは、民主主義政体は、強制よりも交渉と妥協に価値を置き、従ってまた民主主義政体の国民は、傾向として、権力者からの暴力にさらされたり苦しんだりしないことである。③こうした価値によって国民は不当な扱いから守られ、そのようにしてまた人権を無効にされる傾向も小さくなる。④第二に、民主主義政体の有する組織化された手続きにより、国民は不当な扱いをしてくる指導者を権力の座から取り除くことができる。⑤こうした行動は指導者に対する制限として働き、仮にその制限が不正を行う官僚に影響を及ぼせない場合には、その官僚を取り換えることができる。⑥第三に、民主主義政体において国民が享受する自由により、権力の乱用と人権の侵害を公にすることができ、またそれゆえにその侵害者を法的諸結果に、最終的には民主主義的プロセスに委ねることができる。⑦最後に、民主主義というものは、国民の基本的要求を満足させる「備えが比較的優れている」。⑧このことが重要である理由は、自らの人権を行使する能力を得るには、ある最低レベルの資源を使えることが必要であり、従ってまた、ここで要求されるのは、国民がその人権を享受し行使するために必要な資源を提供するという仕事を、民主主義政体がより良くこなすことである。

　Enumeration の典型的なパターンが明白に見て取れます。First、Secondly、Thirdly、Finally という signal words も、明快に使用されています。ここで4つの何かが列挙されているわけですが、その「何か」とは何でしょうか。最初に言

Lesson 6

われている four features of democratic regimes（民主主義政体の4つの特性）です。項目的にまとめてみましょう。

1. 民主主義政体は、強制よりも交渉と妥協に価値を置く。
2. 民主主義政体の有する組織化された手続きにより、国民は不当な扱いをしてくる指導者を権力の座から取り除くことができる。
3. 民主主義政体において国民が享受する自由により、権力の侵害者を民主主義的プロセスに委ねることができる。
4. 民主主義というものは、国民の基本的要求を満足させる「備えが比較的優れている」。

それでは、このパターンの整理としましょう。

《main idea》
　　　　どのような共通の要素を持つ何が、いくつ列挙されているか。
《signal words》
　　　　前述の文脈の標識「付加」（also、moreover、in addition）や「箇条書き」（first、secondly、finally）の類（p. 32）。

5. Chronological Order—時間的秩序

出来事の経過を説明する歴史、あるいは何かの作り方、発展や変化のプロセス、こうした時間的秩序に従って進行するようなものを語る時は、この writing pattern になっています。日本語に比べて精緻で形式的な動詞の時制の区別がある英文では、その動詞の時制の変化によって、時間的前後関係が正確に示されることも多いのです。その点を注意することも必要です。それでは例によって、典型的なパラグラフを見てみましょう。

例文

① We first need to calm down and gain some historical perspective. After the Great Depression in the 1930s, Washington imposed strong regulations on Wall Street to prevent the same thing occurring again. ② This was understandable given the catastrophic effect of the event. ③ Millions became jobless, thousands of banks went under, and wars broke out. ④ But when Ronald Reagan and Margaret Thatcher came to power in the 1970s, things changed. ⑤ Backed by massive popular support, at least until tax revolts appeared in the U.S. and the U.K., the dominant political idea was to abolish as many restrictions as possible. ⑥ Okay, some loosening of the rules was good; nobody denies that. ⑦ But probably we swung too fast in that direction. ⑧ Over the past 30 years there have been many banking crises around the world. ⑨ What's common to them all is that the move from controlled financial systems to less tight restrictions occurred too quickly.

【訳】①私たちにまず必要なのは、落ち着いて何らかの歴史的観点を持つことだ。1930年代の大恐慌の後、同じことが再び起るのを防ぐために、ワシントンはウォール街に対して強力な規制を押し付けた。②あの出来事の破滅的な影響を考えれば、こうした規制は理解できることだった。③何百万人もの人が職を失い、何千もの銀行が破産し、戦争がいくつも勃発した。④ところが、ロナルド・レーガンとマーガレット・サッチャーが1970年代に政権の座につくと、事態は変わった。⑤大きな国民の支持に支えられるかたちで、少なくとも米英で納税者の反乱が現れる時までは、支配的な政治理念は、可能な限り多くの規制を撤廃することであった。⑥確かに、規制をある程度緩めることは良いことだった。誰もこれは否定しない。⑦しかし、おそらく私たちは、あまりに急速にその方向に振れてしまったのだ。⑧この30年間にわたって、世界中で多くの銀行の危機が存在してきた。⑨これらの危機の全てに共通しているのは、金融機構が制御された状態から、比較的きつくない規制へと変わる動きが、あまりに早急に起きたことである。

　まずは、Chronological Order のパターンの signal words となっている語句を拾ってみましょう。After、in the 1930s、when、in the 1970s、the past 30 years といったところです。そしてもう一つ、先に指摘した動詞の時制ということで言うならば、それまで基本的に過去であった動詞の時制が、最後から2番目のセンテンスの ...there have been many banking crises... というところで現在完了に変わっていることに注目すべきです。
　このパラグラフは、3つに区分された時期の変化について書いています。(もちろん最初のセンテンスが現在時制で書かれていることからも分かるように、この3つの時期を見ている「現在」という視点もあります。) Comparison and Contrast や Enumeration ともある意味で共通な注意すべきことがあります。こ

Lesson 6

のChronological Orderにおいては、上記のようにいくつかの時期なり段階なりが区分されるわけですが、その区分されたものには何らかの共通性があるということです。歴史的経緯は何か同一の出来事の経緯であろうし、(今回のような)歴史上の変化は、何か同一性を保つものを基盤にして、あるいは共通の視角からして眺められるものです。(今回は「金融市場と規制の関係」というのがこれに当たります。)

さてそれでは、今回の3つの時期の要点をまとめてみましょう。これがこのパラグラフのmain ideaでもあります。

・1930年代の大恐慌後：大恐慌の再発を防ぐため金融市場への規制強化
・1970年代のレーガン、サッチャー政権時代：国民に支持された大幅な規制緩和
・この30年間：早急な規制緩和による金融危機の頻発

Chronological Orderの構成を整理します。

《main idea》
　　　　一定の観点から見られた時間的区分とその内容
《signal words》
　　　　前述の文脈の標識「前後関係」(before、after、then等々)(p. 32)。そしてもちろん年代や世紀への言及。さらにはfollow、precedeといった動詞がヒントとなることもある。

　　　　　　　＊　＊　＊　＊　＊　＊　＊　＊　＊　＊

さて以上で主要なwriting patternの5つを概観したことになりますが、最初に断っておいたように、このwriting patternはこれまで挙げてきた例文のようにいつも典型的な形となっているわけではないし、各パラグラフに一つずつあるとも限りません。むしろ、複数のwriting patternが重層的にmain ideaを支える、といったことがよくあります。次にそのような例を見てみることにしましょう。これまでのtopic、main idea、supporting detailsというパラグラフの構成要素の識別を使って、内容を分析することにします。

> 理論編 | 応用編

例文

> ① According to the emerging cognitive model of religion, we are hypersensitive to signs of "agents." ② We tend to attribute random events or natural phenomena to the agency of another being. ③ "We may be intuitive theists" says cognitive psychologist Deborah Kelemen of Boston University (BU). ④ She has shown that young children prefer "teleological," or purpose-driven, explanations rather than mechanical ones for natural phenomena. ⑤ For example, British and American children in first, second, and fourth grades were asked whether rocks are pointy because they are composed of small bits of material or in order to keep animals from sitting on them. ⑥ The children preferred the teleological explanation. ⑦ "They give an animistic quality to the rock; it's protecting itself," Kelemen explains.

Lesson 6

【訳】①宗教の、最近出てきた認知モデルによれば、我々は「行為者」という符号に過敏であるという。②我々は、無作為に起る出来事や自然現象について、それらを何か別の存在者の作用のせいにする傾向がある。③「我々は直観的有神論者なのかもしれない。」ボストン大学の認知心理学者であるデボラ・ケレメン氏はそう言う。④彼女が既に示しているところでは、自然現象について、幼い子供が好むのは、機械論的説明ではなく、むしろ「目的論的」つまり「何かの目的に駆り立てられて」という説明の仕方なのだ。⑤たとえば、イギリスとアメリカの1、2、4年生に、こんな質問をしている。「岩がとんがっているのは、その岩が小さな物質のかけらでできているからでしょうか、それとも、動物が上にすわれないようにするためでしょうか？」⑥子供たちが選んだのは目的論的説明の方であった。⑦「子供たちは岩にアニミズム的な性質を与えているんです。つまり岩が岩自身を守っていると。」ケレメン氏の説明はこうである。

このパラグラフをsignal wordsを手がかりに読み、そこにどんなwriting patternがあるのか考えてみましょう。

まず、このパラグラフのtopicは何でしょうか？何についての話でしょうか？最初のthe emerging cognitive model of religionについて、以下の全ての内容がかかわっています。すなわちtopicはこれにほかなりません。「宗教の認知モデル」といってもそれだけでピンとくる人は少ないでしょうが、実はここに引用しなかった直前のパラグラフで、...religion springs naturally from the normal workings

Lesson 6

of the human mind（宗教は、人間の知性のふつうの働きから自然に由来したものだ）というのがあります。つまり、この topic には、一つの「因果関係」が隠れているのです。それは、「人間の知性―宗教」という原因―結果の関係です。さて、この「認知モデル」とは、最初のセンテンスにあるように、to attribute random events or natural phenomena to the agency of another being（無作為の出来事や自然現象を他の存在者の行為に帰すること）です。分かりやすく言えば、「世界に存在するものは、誰かが何かの目的で存在させている」すなわち「agent（行為者）の agency（行為）による」という物事の捉え方です。従って、ここにも「因果関係」があるのです。（attribute という語はその signal word であったと言えます）そしてこうした認知の仕方をする人間のあり方が intuitive theists（直観的有神論者）というわけです。

　次に、一つの「対比」が登場します。上記のような認知の仕方をさらに teleological（目的論的）説明と言い換えた上で、それと mechanical（機械論的）説明を対比させています。（signal words は rather than です。）後者は、物事をいわば物理的な因果関係だけで説明し、「目的」や「行為者」をそこに介在させないやり方です。

　ところで、この英文中で we と言われているのは、「人間一般」です。上記のような認知の仕方を人間一般が持っており、それが宗教成立の基盤だと言いたいわけですから、次の For example 以下の例は、何らかの個別文化的影響や特定の家庭環境などによらずとも「人間だったら誰でもこういう認知の仕方をしようとする」ことを根拠づけるために、無垢な子供の実例を出したと考えられます。もちろん、「岩がとんがっているのは、その岩が小さな物質のかけらでできているから」が機械論的説明の例、「動物が上にすわれないようにするため」が目的論的説明の例です。

　するとこの paragraph には、二つの因果関係と、一つの対比と、一つの例示関係があったことになります。これを図式的に示すと次のようになるでしょう。

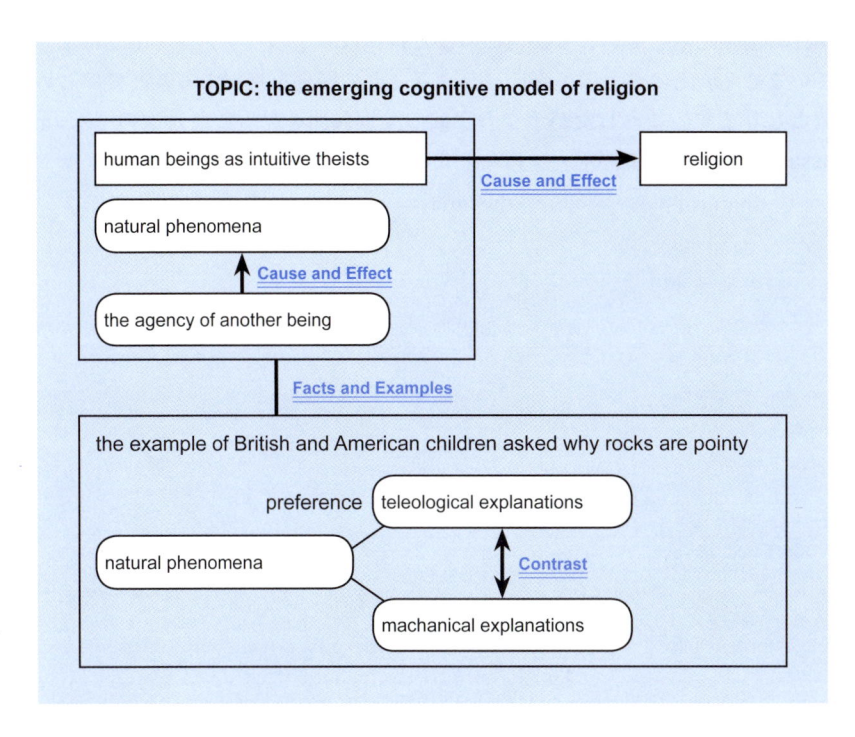

```
TOPIC: the emerging cognitive model of religion

┌─────────────────────────────────────────────────────────┐
│  [human beings as intuitive theists] ───────→ [religion]│
│                                    Cause and Effect     │
│  [natural phenomena]                                    │
│         ↑ Cause and Effect                              │
│  [the agency of another being]                          │
└─────────────────────────────────────────────────────────┘
                    │ Facts and Examples
                    ↓
┌─────────────────────────────────────────────────────────┐
│ the example of British and American children asked why  │
│ rocks are pointy                                        │
│                                                         │
│            preference  [teleological explanations]      │
│  [natural phenomena]         ↕ Contrast                 │
│                        [machanical explanations]        │
└─────────────────────────────────────────────────────────┘
```

　このようにグラフィックに捉えてみると明らかなように、このパラグラフの論旨展開を一番大きな枠組みとして支えているのは、「人間の普遍的な認知の仕方」を「英米の子供たちへの質問という具体例」で根拠づけるというものでした。典型的な Facts and Examples のパターンであったわけです。

　そして、その「認知の仕方」とは、「自然現象」という結果を「他者の行為」という原因と結び付ける考え方です。ここに一つの Cause and Effect の関係性が見られます。言い換えれば、この前半の部分で、「人間の宗教的な認知の仕方」という topic について、《それは、自然現象を他者の行為の結果と捉えるような「直観的有神論者」としての人間の特性である》という main idea を提示しているのです。この最初の 2 つのセンテンスがこのパラグラフの topic sentences です。

　それ以下の「目的論的説明」と「機械論的説明」の対比を含む子供たちの example が、この main idea を根拠づける supporting details であったわけです。

　最後に、このパラグラフの topic は、the emerging cognitive of religion となっていることに注目しましょう。図の前の説明箇所の中で指摘したように、これは、「人間の認知の仕方が原因となって結果的に宗教を生み出す」という Cause and

Lesson 6

Effect の関係を示していますが、このこと自体は、このパラグラフ中では論じられていません。このことは、直前パラグラフとの関係を把握することではじめて明確となります。こうしたパラグラフ間の論旨展開を見ることが次の Lesson 7「passage 構成の把握」のテーマになります。

理論編 | 応用編

Lesson 6

Lesson 7

passage 構成の把握

　それでは、以下のパッセージを題材として、これまで述べてきた writing pattern の考え方と重要性を、パラグラフ単位のレベルとパッセージ全体のレベルの両方について確認してみることにします。

例文

❶ Contemporary psychologists who study human traits in the context of evolution assume that each of our emotions emerged because it made some contribution to our survival as a species. Even so-called "negative emotions." For instance, jealousy may not be pleasant but it can serve the positive function of strengthening the relationship between a man and woman. As an ancient instinct it probably kept competitors for one's mate at a distance, and increased the chances that a couple would stay together, giving their children a better chance to survive. Fear kept primitive peoples away from dangers such as snakes, deep water, and darkness. Anger may have served the positive purpose of giving them the energy to successfully fight off enemies.

❷ Yet the fact that emotions such as these may have evolved for useful reasons does not mean that they inevitably play a productive role in modern life. For example, impulsive violence leads to imprisonment, and hostility is bad for one's health. In one study, 255 medical students took a personality test measuring their levels of hostility, then twenty-five years later their health was analyzed. It was found that the most aggressive students had experienced five times more heart problems than those who were less hot-headed.

❸ Perhaps this is why until the 1980s most researchers focused on negative emotions; they seemed to cause the most suffering and trouble—for both the individual and for society. An analysis of *Psychological Abstracts*, a summary of books and articles published in psychology, found that from 1887 to the mid-1990s there were 136,728 titles referring to anger, anxiety, or depression, but only 9,510 referring to joy, satisfaction, or happiness. And it was not until the late 1990s that a focus on positive emotions began to emerge.

❹ Today, researchers are finally beginning to study productive mental states to find ways to help people progress from pathology to normalcy and normalcy to optimal functioning. Among the reasons for this new orientation is the recognition that merely eliminating anger and depression is no guarantee of producing joy and happiness, and the removal of pain does not necessarily lead to the experience of pleasure. Other justifications for the shift include research, such as Norman Bradburn's 1969 study, showing that pleasant and unpleasant emotional states are produced by different mechanisms and must therefore be studied separately. This observation has been underscored by current physiological research that uses CAT scans to identify which parts of the brain are most active when a subject is experiencing a particular emotion; these studies have shown that for the most part different emotions involve different parts of the cerebral cortex.

❺ As with the negative emotions, one important question is what evolutionary value positive emotions have. According to one of the founders of positive psychology, Barbara Fredrickson, positive emotions broaden the range of our thoughts and actions. This results in better personal adaptation to surroundings as well as better problem-solving skills. Joy, interest, curiosity, and love lead to creativity and innovation, and they also provide a strong basis for community. All of these confer indisputable evolutionary advantage, not only helping us to live better but longer.

Lesson 7

まず、パラグラフごとに論旨展開を追ってみましょう。

パラグラフ❶

① Contemporary psychologists who study human traits in the context of evolution assume that each of our emotions emerged because it made some contribution to our survival as a species. ② Even so-called "negative emotions." ③ For instance, jealousy may not be pleasant but it can serve the positive function of strengthening the relationship between a man and woman. ④ As an ancient instinct it probably kept competitors for one's mate at a distance, and increased the chances that a couple would stay together, giving their children a better chance to survive. ⑤ Fear kept primitive peoples away from dangers such as snakes, deep water, and darkness. ⑥ Anger may have served the positive purpose of giving them the energy to successfully fight off enemies.

【訳】①現代の心理学者たちは、進化との関連から人間の特性を研究しているが、その仮説によれば、我々の感情のそれぞれが現れたのは、種としての生き残りに何らかの貢献をするという理由からだった。②いわゆる「否定的感情」と言われるものでさえそうだという。③たとえば、嫉妬は、心地よいものではないにしても、男女の関係を強化するという積極的な働きを果たしうる。④大昔からある本能として、おそらく嫉妬は、自分の伴侶を狙う競争者を遠ざけておくことになり、二人が一緒にいる可能性が高まる。結果として二人の子供が生き延びる可能性も高くなる。⑤原始時代の人々は、恐怖によって、蛇や深い水や暗闇といった危険から遠ざかっていた。⑥怒りが、敵の撃退に成功するエネルギーを与えるという積極的な目的を持つこともあっただろう。

>> 理論編 | >> 応用編

```
現代の心理学者たち ──仮説──→ 否定的感情は人類の生き残りに貢献する ──For instance──→ 嫉妬 / 恐怖 / 怒り
```

　まず、Topic は、「現代の心理学者たちの仮説」と言えるでしょう。これがこのパラグラフ内の全てのセンテンスに共通する話題ですね。このパラグラフの論旨展開は、For instance という signal words が出てくるところあたりからはっきりしてきます。これ以降が何の例かを見れば、その例を supporting details とする main idea が見えてきます。それは、「否定的感情は人類の生き残りに貢献する」ということであり、上記の「仮説」の内容です。「嫉妬」、「恐怖」、「怒り」が、この例にあたります。典型的な Facts & Examples の writing pattern ですね。

Lesson 7

パラグラフ❷

① Yet the fact that emotions such as these may have evolved for useful reasons does not mean that they inevitably play a productive role in modern life. ② For example, impulsive violence leads to imprisonment, and hostility is bad for one's health. ③ In one study, 255 medical students took a personality test measuring their levels of hostility, then twenty-five years later their health was analyzed. ④ It was found that the most aggressive students had experienced five times more heart problems than those who were less hot-headed.

【訳】①こうした感情が発達したのは、有用だからという理由だったのだろう。しかし、この事実は、これらの感情が現代の生活において必ず生産的な役割を果たしていることを意味しているわけではない。②たとえば、衝動的に暴行したりすれば、投獄されることになるし、敵意を持つことは、健康に良くない。③ある研究で、医学生255人が、敵意のレベルを測るテストを受けた。その後25年たってから、彼らの健康状態が分析された。④そこで分かったことは、もっとも攻撃的な学生は、それ程短気ではない学生に比べると、5倍以上心臓に問題を経験していたということである。

Lesson 7

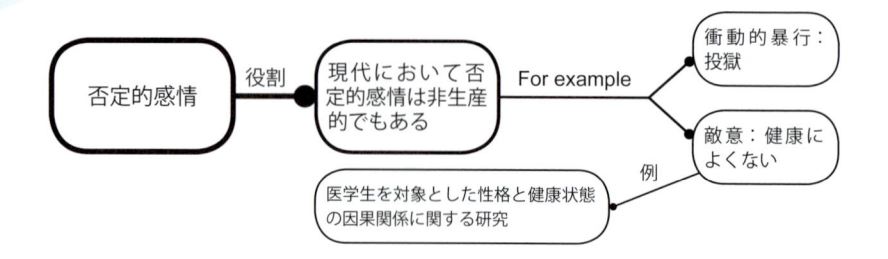

```
┌─────────┐         ┌─────────────┐              ┌──────────────┐
│ 否定的感情 │──役割──●│ 現代において否│──For example─│ 衝動的暴行：  │
│         │         │ 定的感情は非生│              │ 投獄         │
└─────────┘         │ 産的でもある  │              └──────────────┘
                    └─────────────┘              ┌──────────────┐
                           │                  例 │ 敵意：健康に  │
                    ┌──────┴──────────────┐    ╱ │ よくない     │
                    │ 医学生を対象とした性格と│───  └──────────────┘
                    │ 健康状態の因果関係に関する│
                    │ 研究                 │
                    └─────────────────────┘
```

　このパラグラフも直前とよく似た構成となっています。「否定的感情の役割」という topic について、main idea は「現代において否定的感情は非生産的でもある」というものです。supporting details としてその例を2つ、「暴行」と「敵意」を挙げています。そしてさらにその「敵意が健康によくない」例として、医学生を対象とした研究に言及するといった具合です。もちろん、これも典型的な Facts & Examples の writing pattern です。

パラグラフ❸

> ① Perhaps this is why until the 1980s most researchers focused on negative emotions; they seemed to cause the most suffering and trouble—for both the individual and for society. ② An analysis of *Psychological Abstracts*, a summary of books and articles published in psychology, found that from 1887 to the mid-1990s there were 136,728 titles referring to anger, anxiety, or depression, but only 9,510 referring to joy, satisfaction, or happiness. ③ And it was not until the late 1990s that a focus on positive emotions began to emerge.

【訳】①おそらくこういう理由で、1980年代までたいていの研究者たちは、否定的な感情に焦点を当ててきたのであろう。つまり、こうした感情こそ、最大の苦しみと困難を引き起こしてきたと思われるし、このことは個人と社会の両方に関して言えるというわけだ。②「心理学抄録（しょうろく）」といって出版された心理学の書籍・論文の要約を載せたものがあるのだが、この「抄録」の分析によれば、1887年から1990年代半ばにかけて、怒り、不安、憂鬱（ゆううつ）に関するタイトルは136,728あったのに、喜び、満足、幸福に関するものはわずか9,510であったということが分かったそうだ。③さらに、ようやく1990年代の後半になって、肯定的な感情に焦点が当てられるようなものが現れ始めたということである。

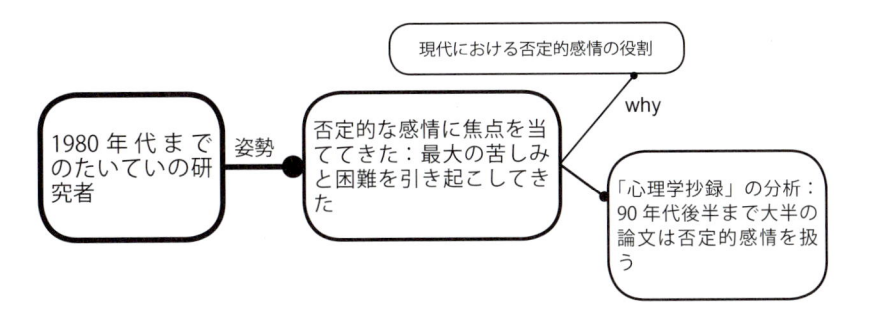

```
┌─────────────┐        ┌──────────────┐         現代における否定的感情の
│1980 年代まで │        │否定的な感情に │              役割
│のたいていの  │──姿勢──│焦点を当てて  │           ↗ why
│研究者       │        │きた：最大の苦 │   ┌──────────────┐
└─────────────┘        │しみと困難を引 │   │「心理学抄録」の │
                       │き起こしてきた │   │分析：90 年代後半 │
                       └──────────────┘   │まで大半の論文は  │
                                          │否定的感情を扱う  │
                                          └──────────────┘
```

　このパラグラフでまず注目しなければならないのは、最初の文に出てくる this と why です。this は、もちろん直前のパラグラフの内容、しかもその main idea である「現代において否定的感情は非生産的でもある」を指していると思われます。これを見逃すと即座に前のパラグラフと内容的なつながりが断たれてしまいます。次に why という signal word は、上の main idea を原因として「1980 年代までたいていの研究者たちは、否定的な感情に焦点を当ててきた」という結果を生じていることを示しています。そしてこの冒頭のセンテンスこそ、このパラグラフの topic sentence として、「1980 年代までたいていの研究者たちは否定的な感情に焦点を当ててきた」という main idea を含んだものになっています。

　さらに、気づいてほしいことは、この「研究者たち」についての general statement（①）を支えているのが「心理学抄録」の分析例だということです。このパラグラフもまた、中心は Facts & Examples の pattern でした。

パラグラフ❹

① Today, researchers are finally beginning to study productive mental states to find ways to help people progress from pathology to normalcy and normalcy to optimal functioning. ② Among the reasons for this new orientation is the recognition that merely eliminating anger and depression is no guarantee of producing joy and happiness, and the removal of pain does not necessarily lead to the experience of pleasure. ③ Other justifications for the shift include research, such as Norman Bradburn's 1969 study, showing that pleasant and unpleasant emotional states are produced by different mechanisms and must therefore be studied separately. ④ This observation has been underscored by current physiological research that uses CAT scans to identify which parts of the brain are most active when a subject is

Lesson 7

experiencing a particular emotion; these studies have shown that for the most part different emotions involve different parts of the cerebral cortex.

【訳】①今日、ついに研究者たちが、生産的な心理状態の研究をし始めている。これによって人々が、病的状態から正常へと、さらに正常から望ましい機能状態へとすすんでいく手助けをする方法を見いだそうとしている。②このような新しい志向性の一つとして、次のような認識がある。怒りや憂鬱を単に無くすだけでは、喜びや幸福感を生み出す保証とはならない。さらに苦痛を取り除くことが、必ずしも喜びの体験へとつながるわけではないということだ。③他にもこのような転換を正当化するものがあり、例えばノーマン・ブラッドバーンの1969年の研究がこれに含まれる。この研究が示しているのは、喜びと喜びでない感情状態は、異なったメカニズムによって生み出されるのであり、それ故別々に研究されねばならない、ということである。④こうした観察は今の生理学的研究によって重視されてきた。この研究は、X線体軸断層撮影を使用して、被験者が特定の感情を経験する際、脳のどの部分がもっとも活性化するかを特定しようとしている。これらの研究で明らかになったことは、たいていの場合、異なった感情が深く関与しているのは、大脳皮質のそれぞれ異なった部分であるということだ。

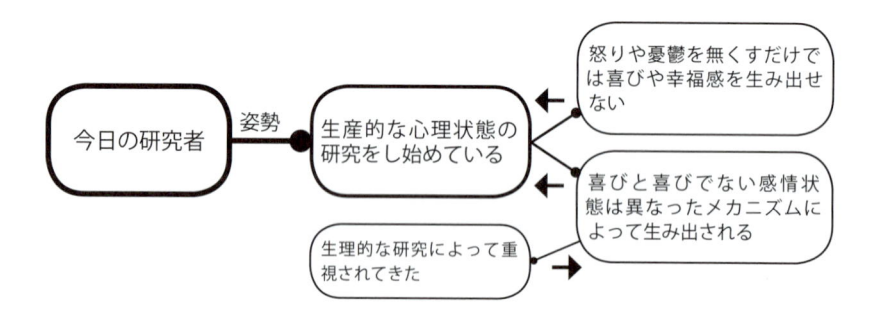

まず注目したいのが、直前の第3パラグラフとの時間的な、そして内容的な対比関係です。時間的というのは、第2, 3パラグラフは、1980年代までの話であったのに対し、このパラグラフは（そして第5パラグラフも）今日の話であるということです。第3パラグラフのほとんどの動詞の時制は過去でしたが、ここから後は現在時制となっています。そしてもちろん、第3パラグラフ冒頭の the 1980s に対してこのパラグラフが Today で始まっていることが、時間的な対比関係を明示しています。さらに大事なのは内容的な対比関係ですね。研究者たちの研究対象が変化したのです。1980年代までは、negative emotions（否定的な感情）だったのが、今日では productive mental states（生産的な心理状態）に変わりました。つまり、「怒り」「不安」「憂鬱」のようなものから、「喜び」「幸福感」へと変わったのです。この対比関係は、今回のパッセージ全体の writing pattern の把握に関わるとても重要な観点です（この点は後で戻ります）。

　さて、このパラグラフは、「生産的な心理状態の研究の開始」が topic であることは明らかですね。main idea は、第 1 センテンスの内容に違いありません。つまり Today, researchers are finally beginning to study productive mental states to find ways to help people progress from pathology to normalcy and normalcy to optimal functioning.（今日、ついに研究者達が、生産的な心理状態の研究をし始めている。これによって人々が、病的状態から正常へと、さらに正常から望ましい機能状態へとすすんでいく手助けをする方法を見いだそうとしている。）です。

　次に気をつけたいことは、the reasons という signal words です。これによって、「生産的な心理状態の研究」を行うようになった「理由」が続いて述べられていくことが分かります。これはすなわち、このパラグラフの論旨展開が、Cause and Effect だということを予想させます。そして、後からその「理由」が一つではなく二つだということも判明します。Other justifications（他の正当化してくれる理由）というフレーズの Other に気づけば、このセンテンスで引き合いに出される Norman Bradburn の示した内容もその「理由」に含まれることがはっきりします。つまり、「生産的な心理状態の研究」に向かった理由は以下の 2 つです。

(1) 怒りや憂鬱を単に無くすことが、喜びや幸福感を生み出す保証とはならない。
(2) 喜びと喜びでない感情状態は、異なったメカニズムによって生み出される。

　そして、この（2）のことに注目し、それを重視したのが脳の断層撮影などを行う physiological research（生理学的な研究）である、と最後に付け加えられています。

パラグラフ❺

① As with the negative emotions, one important question is what evolutionary value positive emotions have. ② According to one of the founders of positive psychology, Barbara Fredrickson, positive emotions broaden the range of our thoughts and actions. ③ This results in better personal adaptation to surroundings as well as better problem-solving skills.

Lesson 7

④ Joy, interest, curiosity, and love lead to creativity and innovation, and they also provide a strong basis for community. ⑤ All of these confer indisputable evolutionary advantage, not only helping us to live better but longer.

【訳】①否定的感情について言えたことと同じに、肯定的感情が、進化におけるどのような価値を持つのかも、一つの重要な問題である。②ポジティブ心理学の創設者の1人であるバーバラ・フレディクソンによれば、肯定的感情は、我々の思考と行動の範囲を広げるという。③この結果生じるのは、個人が環境に対してより上手く適応できるようになること、また同様に、より優れた問題解決の技能を得ることである。④喜びと好奇心と愛は、創造性と革新性につながり、さらには共同体の強い基盤を与えることになる。⑤これら全てが進化の上での利点を与えてくれることに異論の余地はない。我々がよりよく生きるだけでなく、より長く生きることにも貢献する。

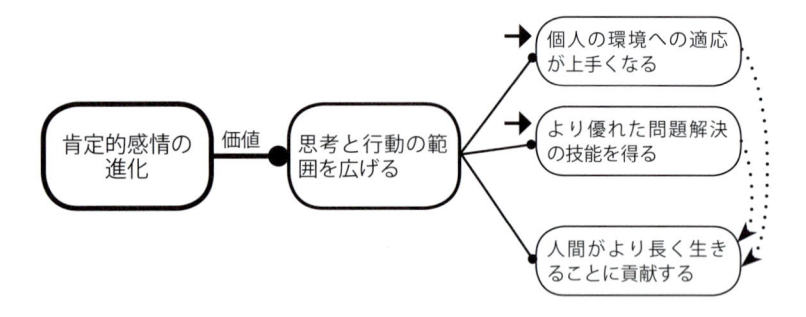

この最後のパラグラフの全てのセンテンスは positive emotion（肯定的感情）に関して述べています。これが topic ですね。もちろん直前のパラグラフの「生産的な心理状態」と同じことを意味していると捉えるべきです。そしてこの topic についての中心的な主張、すなわち main idea は、第2センテンスで Barbara Fredrickson の口を借りて言われている positive emotions broaden the range of our thoughts and actions（肯定的感情は、我々の思考と行動の範囲を広げる）ということです。また、最後のセンテンスの All of these confer indisputable evolutionary advantage, not only helping us to live better but longer.（これら全てが進化の上での利点を与えてくれることに異論の余地はない。我々がよりよく生きるだけでなく、より長く生きることにも貢献する。）も、その main idea の言い換えだったと言うことができるでしょう。

さて、第2センテンスの次に出てくる This results in... が、このパラグラフの論旨

展開のつなぎめとしてとても重要です。まず、This というのは、第2センテンスで述べられている main idea の内容ですね。そして results in、これがまた Cause and Effect の writing pattern の signal words となっています。これ以後の話を要約すれば、「肯定的感情が思考と行動の範囲を広げた結果、環境への適応を容易にして、人間はより長生きする」ということになります。それが「肯定的感情」の「価値」に他なりません。

これで、各パラグラフの topic、main idea を押さえ、writing pattern を把握することで、論旨展開がクリアーになったことでしょう。

それでは次に、このパッセージ全体の論旨展開、つまりパラグラフとパラグラフがどのように関連しているのかに注目しましょう。まず、パッセージ全体をもう一度読んで、67ページの図をじっくり眺めてもらいたいと思います。この図は、今回のパッセージ全体の展開を示すとともに、各パラグラフの間の関連も示しています。

Lesson 7

　パラグラフの topic は、パラグラフ内の全てのセンテンスの内容に共通する話題でしたね。パッセージ全体の topic は、全てのパラグラフに共通する話題です。今回の場合、「人間の進化に対する感情の価値ないし役割」ということになります。

　そして、この「感情」を 2 つの種類に分けて論じています。この 2 つは、明確な比較・対比を成していて、「否定的感情」と「肯定的感情」です。第 1 ～ 3 パラグラフが「否定的感情」、第 4・5 パラグラフが「肯定的感情」について書かれます。これらをパッセージの subtopic と呼んでおきましょう。

　パッセージ全体の論旨展開は、Comparison and Contrast の writing pattern になっています。「否定的感情」「肯定的感情」両者の共通点は、「人間の感情」というだけにとどまりません。「人間の進化にとって役立つ」という共通点が、重要な論点です。そしてもちろん、「嫉妬」「恐怖」「怒り」といった否定的なものと、「喜び」「幸福感」といった肯定的ないし「生産的」なものとの対比（差異）も明瞭に語られています。

　Comparison and Contrast ということでいえば、パラグラフごとの説明の箇所でも指摘したように、第 3・4 パラグラフ間に、「1980 年代までの研究者」と「今日の研究者」の視点において、前者の「否定的感情」、後者の「肯定的感情」という対比関係が存在しています。

　writing pattern は、まだありますね。第 2 パラグラフの main idea「現代において否定的感情は非生産的でもある」ということが原因で、第 3 パラグラフの main idea「1980 年代までの研究者たちは否定的感情に焦点を当てる」という結果になったというつながりが見えます。Cause and Effect の writing pattern です。そして、第 4 と第 5 パラグラフの内部にも同様な writing pattern がありました。

　最後に、もう一つの writing pattern。それは、Facts and Examples ですが、これは、第 1・2・3 パラグラフの内部に見られました。

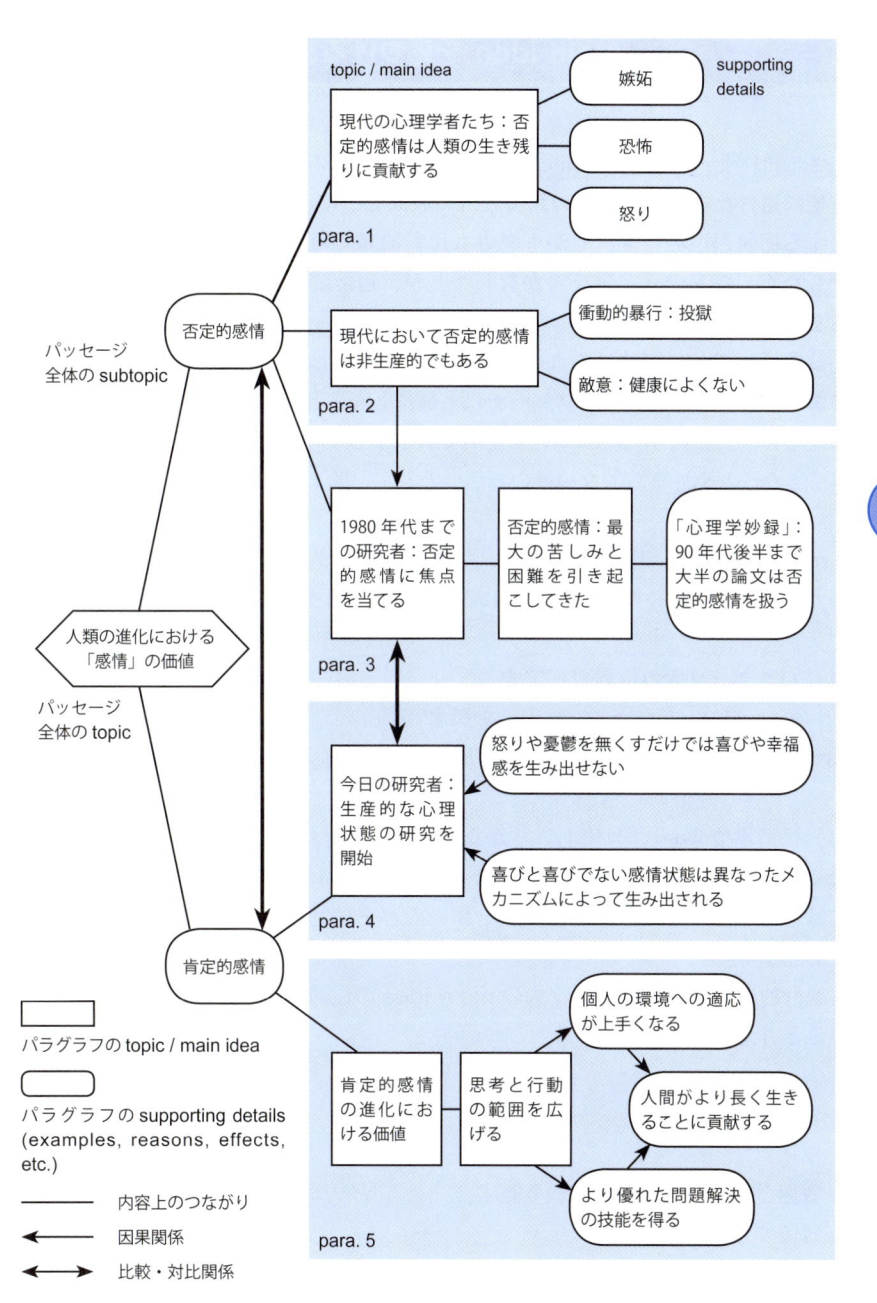

```
                                                    >> 理論編  |  >> 応用編

                          topic / main idea                    supporting
                        ┌─────────────────┐      ┌─────┐        details
                        │ 現代の心理学者た │──────│ 嫉妬 │
                        │ ち：否定的感情は │      └─────┘
                        │ 人類の生き残りに │──────┌─────┐
                        │ 貢献する        │      │ 恐怖 │
                        └─────────────────┘      └─────┘
                               para. 1            ┌─────┐
                                                  │ 怒り │
                                                  └─────┘

                        ┌─────────────────┐      ┌──────────────┐
              ◇────────│ 現代において否定 │──────│ 衝動的暴行：投獄 │
             ╱ 否定的感情 ╲│ 的感情は非生産的 │      └──────────────┘
            ◇────────────│ でもある        │──────┌──────────────┐
                        └─────────────────┘      │ 敵意：健康によくない │
パッセージ                      para. 2            └──────────────┘
全体のsubtopic
                        ┌─────────┐ ┌─────────┐ ┌──────────────┐
                        │1980年代ま│ │否定的感情│ │「心理学妙録」：│
                        │での研究者│→│：最大の苦│ │90年代後半まで│
                        │：否定的感│ │しみと困難│ │大半の論文は否│
                        │情に焦点 │ │を引き起こ│ │定的感情を扱う│
                        │を当てる │ │してきた │ │              │
  ◇──────────          └─────────┘ └─────────┘ └──────────────┘   Lesson
 ╱人類の進化における╲          para. 3                                    7
 ╲「感情」の価値    ╱
  ◇──────────                                ┌──────────────────┐
パッセージ                                       │怒りや憂鬱を無くすだけでは│
全体のtopic                                     │喜びや幸福感を生み出せない│
                        ┌─────────┐            └──────────────────┘
                        │今日の研究│            ┌──────────────────┐
              ◇────────│者：生産的│────────────│喜びと喜びでない感情状態│
             ╱ 肯定的感情 ╲│な心理状態│            │は異なったメカニズムに  │
                        │の研究を │            │よって生み出される     │
                        │開始     │            └──────────────────┘
  ┌──┐                  └─────────┘
  └──┘                      para. 4
パラグラフのtopic / main idea
                                               ┌──────────────┐
  ⌒⌒                                          │個人の環境への適応│
 (   )                                         │が上手くなる     │
  ⌒⌒                                          └──────────────┘
パラグラフのsupporting details                                ┌──────────────┐
(examples, reasons, effects,   ┌─────────┐ ┌─────────┐      │人間がより長く生│
etc.)                          │肯定的感情│ │思考と行動│──────│きることに貢献する│
                               │の進化にお│→│の範囲を広│      └──────────────┘
  ─────  内容上のつながり          │ける価値 │ │げる     │      ┌──────────────┐
                               └─────────┘ └─────────┘      │より優れた問題解決│
  ←────  因果関係                     para. 5                  │の技能を得る     │
                                                              └──────────────┘
  ←───→ 比較・対比関係
```

Lesson 8

main idea を見つける読解法

さてそろそろ、wider context の説明を締めくくるとしましょう。

先に述べたように、英語の長文読解の設問は、wider context の把握を調べようとする問題が中心です。しかも配点も比較的高めの設定になっています。言うまでもなく、英文の「主旨をつかむ」ことが、通常読む目的ですから、そこが問われるわけです。

設問形式ごとの解法は、この本の後半に譲るとして、ここでは、wider context に関するどんな設問へのアプローチにも前提となる「main idea はどうやってつかまえるのか」という戦略について述べておきましょう。これは、今までこの節で述べてきたことを「実践的な読解の方法」として、改めてまとめることになります。

main idea を見つける方法には、簡便だがリスクが大きいものから、本格的読解力を要するが正確な結果が得られるものまで、3つほど考えられます。

(1) パラグラフ内の位置で推定する
(2) general statement（一般論）を探す
(3) writing pattern を把握して論旨展開から判断する

(1) は簡単ですが、「目安」にしかなりません。それでも、「ほとんど読む時間がなくなった」等という緊急事態（この本の読者には起こりそうもありませんね）には、この部分だけ読んで何とか全体の内容を推定するということも可能な場合があります。

統計的に見て、パラグラフ内の main idea の位置は、以下の順序で高くなっていると言えます。

1. 冒頭
2. 末尾
3. 冒頭と末尾に同じ内容を繰り返す
4. 冒頭でも末尾でもない
5. implied main ideas（言外に言われている）

前レッスンで読んだ長文を思い出してください。全てのパラグラフの main idea を含む topic sentence(s) は各パラグラフの冒頭（あるいはそれに近いところ）のセンテンスでした。今回の長文が、特に構成の明確なものであったということもありますが、このようにパラグラフ冒頭には、しばしば topic sentence(s) が置かれます。もっとも、最後の第5パラグラフは、末尾にも main idea が繰り返されていました。

　ところで、5. implied main ideas について説明しておきましょう。implied とは、「言外に示された」「ほのめかされた」「暗黙の」といった意味です。つまり、はっきり表に出ていない主旨のことですね。wider context の最初の説明で引き合いに出した「親にコンピューターをおねだりする」話（p. 37）を思い出してください。「コンピューターを買ってください」という main idea を口にしなくても、例えば次のように説得することができそうです。

　「実は私、最近新聞を読むようになったの。そしたらね。『今のグローバル化した世界の企業で働く者は、英語のコミュニケーション能力とコンピューター・リテラシーが不可欠だ』ってことがよく書いてあるんだよね。確かに、既に大学の中でも、講義の課題をやり取りしたり、ディスカッションの準備調査をしたり、プレゼン用のファイルを作ったり、コンピューター無しでは済まない状況でさ。まあ、大学のコンピューター室を活用しているわけだけど、そのせいで毎日帰宅が遅くなってね。道が暗いから、お母さんに車で駅まで向かえに来てもらったりしてるわけ。そうそう、明日も朝早く行ってコンピューター室で勉強しなきゃ。じゃあ、もう寝るね。おやすみ…。」

　あなたが寝室に入った後、おそらくご両親はこの話の main idea を確認し合うんじゃないでしょうか。誤解はたぶんありそうにないですね。

Process 4
英文読解の完成

《応用編》
読解スキルからの解法

Unit 4
文脈からの語意確定

- Lesson 9　下線部語意確定 72
- Lesson 10　適語空所補充 84

Lesson 9

下線部語意確定

Step 1　Forms of questioning and reading skills
「設問形式」と「読解スキル」

- 設問形式　下線部語意確定
- 必要スキル　narrow contexts　：文脈からの語意確定

　「本書のコンセプト」(p. 9) で確認したように、難関大の入試に出される英語長文を読みこなすスキルと頻出の設問形式の間には明確な対応関係があります。受験生の持つ英語力を測るために、各設問形式はどのようなスキルの有無を確かめようとするにしても、明確な意図を持っています。それがいわゆる「出題の趣旨」です。

　「理論編　読解スキルとは何か」(Lesson 1 ～ 8) では、英語長文の読解力を構成する各種のスキルを、単語からパッセージに至るまで説明してきました。これ以降、「応用編　読解スキルからの解法」では、英語長文問題に取り組みます。実際の問題を解くことを通じて、読解スキルをさらに定着させ、高めることができるはずです。と同時に、スキルの応用の積み重ねは、上記の「出題の趣旨」を見抜く力を大いに鍛えます。出題者の知りたいあなたの能力を存分に見せてあげることができるようになるでしょう。

＊＊＊＊＊＊＊＊＊＊＊

　「下線部語意確定」とは、語句の意味を文脈から推測し、適切な解釈を問う問題です。単なる知識問としての「語彙問題」であると誤解しないようにする必要があります。単に語句の辞書的な意味を知っているかどうかだけを見ようという問題は、難関大学では、皆無ではないとしても非常に例外的です。

　さて、それでは一題解いてみましょう。「Lesson 2　文脈からの語意確定」(p. 20) をもう一度見直す必要があるかもしれません。要点は、次の4つの「文脈の

つながり」に注目することでしたね。

> 4つの文脈のつながり
> 1. 類似関係　　2. 対比関係　　3. 因果関係　　4. 例示関係

Lesson 9

Step 2 — Answering exam questions
入試形式の問題を解く

次の文章を読んで、下の設問に答えなさい。

❶ Is nothing sacred? Even the idle weekend pastime of skipping stones on a lake has been taken apart and reduced to a mathematical formula.

❷ Everyone knows a stone bounces best on water if it's round and flat, and spun towards the water as fast as possible. Some enthusiasts even travel to international stone-skipping competitions, like world champion Jerdone Coleman-McGhee, who made a stone bounce 38 times on Blanco River, Texas, in 1992.

❸ Intuitively, a flat stone works best because a relatively large part of its surface strikes the water, so there's more bounce. Inspired by his eight-year-old son, physicist Lyderic Bocquet of Lyon University in France wanted to find out more. So he (1) tinkered with some simple equations describing a stone bouncing on water in terms of its radius, speed and spin, and taking account of gravity and the water's (2) drag.

❹ The equations showed that the faster a spinning stone is traveling, the more times it will bounce. So no surprise there. To bounce at least once without sinking, Bocquet found the stone needs to be traveling at a minimum speed of about 1 kilometer per hour.

❺ And the equations also backed his (3) hunch that spin is important because it keeps the stone fairly flat from one bounce to the next. The spin makes the stone stable, preventing it from (4) tipping and falling sideways into the water.

❻ To match the world record of 38 bounces using a 10-centimeter-wide stone, Bocquet predicts it would have to be traveling at about 40 kilometers per hour and spinning at 14 revolutions a second. He adds that drilling lots of small pits in the stone would probably help, by reducing water drag in the same way that dimples on a golf ball reduce air drag.

❼ He and his team at Lyon hope to design a motorized "catapult" that can throw stones onto a lake with a precise speed and spin, to test if the predictions (5) stand up.

下線部（1）〜（5）の語句に最も意味が近いものを、それぞれについて①〜④の中から1つ選び、記号で答えなさい。

1 tinkered with
① distinguished　② flew　③ improved　④ rang

2 drag
① color　② medicine　③ resistance　④ weight

3 hunch
① bump　② dream　③ error　④ intuition

4 tipping
① ending
② giving advice
③ giving money
④ leaning

5 stand up
① are valid
② contradict
③ represent
④ rise to the feet

Lesson 9

Step 3 — Solutions
読解スキルからの解法

正解

1 ③　2 ③　3 ④　4 ④　5 ①

解答・解説

1

正解 ③

解説 tinkered with というフレーズが含まれるセンテンスは、So で始まっている。「それで」「だから」の意である。これは「因果関係」であることに気づくべきである。つまり、

　彼は wanted to find out more（もっと多くのことを発見したかった）
　　　　　　　↓ So
　彼は some simple equations（いくつか単純な方程式）を tinkered with した。

というつながりである。ここから、この「方程式」は、多くの発見に役立つように「何かされる」のでなければならない。その「何か」は、どのような行為なのかを推定する。

選択肢訳
① 区別した　② 流した　③ 改善した　④ 鳴らした

2

正解 ③

解説 taking account of gravity and the water's drag（重力と水の drag を考慮する）は、この「方程式」に求められる要素である。そして、この方程式がもともと「水切り」の分析のためのものだという文脈を考える。すると、drag は、重力と並んで石の運動に影響を与えるもう一つの力だと予想できる。言い換えると「重力」と「水の drag」のあいだには類似関係があるはずだ。

選択肢訳
① 色　② 薬　③ 抵抗　④ 重さ

3

正解 ④

解説 まず、his hunch と次の that spin is important because...（回転が重要なわけは…）は、同格である。つまり、この that 節の中身が hunch の内容である。どんな名詞でも同格の that 節を伴うことができるわけではない。the fact や the news や the idea のように、The fact is that... という文が作れるようなものでなくてはならない。The bump（打撃、こぶ）is that... という文はできないことが明らかだろう。

　文脈を考えてみよう。the equations also backed his hunch（この方程式はまた、彼の hunch を裏付けた）とある。前問同様、この「方程式」が「水切り」のメカニズムの分析のものだったことを思い出す。そして、that 節の内容 spin is important because it keeps the stone fairly flat from one bounce to the next（回転が重要なわけは、それによって石がかなり平らなまま一回の跳躍から次の跳躍に向かうことだ）とある。これは、方程式によって裏付けられることである。直前のパラグラフの The equations showed that... とこの箇所の And the equations also backed his hunch that... は、ほぼ同じことを言っているはずだ。hunch は、「直感、予感」のことであるとまでは分からなくても、これがこの物理学者の「考え」の類であることは明白である。ここにも類似関係があったと気づくことができる。

選択肢訳
① 打撃、こぶ　　② 夢　　③ 過ち、間違い　　④ 直観

4

正解 ④

解説 問われている語を含むセンテンスの中の、因果関係を見抜こう。The spin makes the stone stable, preventing it from tipping and falling sideways into the water.（この回転のおかげで、石は安定を保ち、傾いて斜めになって水の中に落ちていくことがない。）

つまり、

　　石の回転　→　石の安定の保持
　　　　　　　　　tip して斜めになって水の中に落ちていくことの防止

　石が回転していると防げることで、しかも、もし「そうなったら」斜めになって水の中に落ちていく、石の状態を考える。

Lesson 9

選択肢訳
① 終わっていく　　② アドバイスをしている
③ お金をあげている　　④ 傾いていく

5

正解 ①

解説 He and his team at Lyon hope to design a motorized "catapult" that can throw stones onto a lake with a precise speed and spin, to test if the predictions stand up.（リヨンの彼と彼のチームは、動力発射装置を設計したいと思っている。それで石に正確な速度と回転を与えて、湖に投げ出す。こうすれば、上の予想が当たっているかどうかテストできるというわけだ。）

このセンテンスの中にも因果関係が存在する。

発射装置の設計　→　（水切りの分析に関する）予想が stand up するかどうか
　　　　　　　　　　のテストになる

選択肢訳
① 有効である　　② 矛盾している
③ 表現する、代表する　　④ 立ち上がる、起立する

理論編 | 応用編 Lesson 9

Lesson 9

Step 4 — Japanese translations 英文と和訳の確認

CD 1〜5

❶ ① Is nothing sacred? ② Even the idle weekend pastime of skipping stones on a lake has been taken apart and reduced to a mathematical formula.

❷ ① Everyone knows a stone bounces best on water if it's round and flat, and spun towards the water as fast as possible. ② Some enthusiasts even travel to international stone-skipping competitions, like world champion Jerdone Coleman-McGhee, who made a stone bounce 38 times on Blanco River, Texas, in 1992.

❸ ① Intuitively, a flat stone works best because a relatively large part of its surface strikes the water, so there's more bounce. ② Inspired by his eight-year-old son, physicist Lyderic Bocquet of Lyon University in France wanted to find out more. ③ So he tinkered with some simple equations describing a stone bouncing on water in terms of its radius, speed and spin, and taking account of gravity and the water's drag.

❹ ① The equations showed that the faster a spinning stone is traveling, the more times it will bounce. ② So no surprise there. ③ To bounce at least once without sinking, Bocquet found the stone needs to be traveling at a minimum speed of about 1 kilometer per hour.

❺ ① And the equations also backed his hunch that spin is important because it keeps the stone fairly flat from one bounce to the next. ② The spin makes the stone stable, preventing it from tipping and falling sideways into the water.

❶ ①こんなことがあっていいのか？②週末に湖でやるような、どうということのない水切りの遊びでさえ、徹底的に分析されたうえに、結局数式にされてしまったのだ。

❷ ①誰もが知っていることだが、石が水面で一番よく跳ねるのは、それが丸くて平たくて、しかも回転しながらできるだけ速くその水面に向かう場合だ。②中には旅をしてまで国際的な水切り競技会に行く熱心な人もいるが、例えば世界チャンピオンのジョーダン・コールマン-マギーがそうだ。彼は、1992年にテキサス州のブランコ川で、38回という成績を残した。

❸ ①直観的に考えて、平らな石がもっともうまくいくのは、表面の比較的広い部分が水面にぶつかり、それだけよく跳ねるということだ。②フランスのリヨン大学の物理学者リデリック・ブーケは、8歳の息子に触発されて、さらに多くのことを発見したくなった。③それで彼は、いくつか単純な方程式に改造を施す。これらの方程式が、石の半径、速度、回転に関して石がどのように水面で跳ねるのかを説明し、重力と水の抵抗力も考慮に入れる。

❹ ①これらの方程式で分かったのは、回転する石が速く移動するほど、それだけ跳ねる回数が多くなるだろうということだった。②だから、驚くほどのことはない。③ブーケの発見では、少なくとも一度は弾んで沈まないためには、その石が、最低でも時速約1キロメートルのスピードで移動している必要がある。

❺ ①さらに、この方程式によって彼が直感していていたことも裏付けられた。それは、回転が重要なわけは、それによって石がかなり平らなまま一回の跳躍から次の跳躍に向かうということだった。②この回転のおかげで、石は安定を保ち、傾いて斜めになって水の中に落ちていくことがない。

Lesson 9

❻ ① To match the world record of 38 bounces using a 10-centimeter-wide stone, Bocquet predicts it would have to be traveling at about 40 kilometers per hour and spinning at 14 revolutions a second. ② He adds that drilling lots of small pits in the stone would probably help, by reducing water drag in the same way that dimples on a golf ball reduce air drag.

❼ ① He and his team at Lyon hope to design a motorized "catapult" that can throw stones onto a lake with a precise speed and spin, to test if the predictions stand up.

❻ ①ブーケの予想では、幅 10 センチメートルの石を使った 38 回跳ねるという世界記録に対抗するためには、その石が、時速およそ 40 キロメートルで移動し、一秒間に 14 回の回転をしている必要があるそうだ。②付け加えてこうも言っている。その石にたくさんの小さなくぼみができるよう穴を空けると、たぶん役に立つ。こうすることで水の抵抗力が下がるわけだが、それはゴルフボールに小さなくぼみを付けることで空気の抵抗が下がるのと同じだという。

❼ ①リヨンの彼と彼のチームは、動力発射装置を設計したいと思っている。それで石に正確な速度と回転を与えて、湖に投げ出す。こうすれば、上の予想が当たっているかどうかテストできるというわけだ。

Lesson 10

適語空所補充

Step 1　Forms of questioning and reading skills 「設問形式」と「読解スキル」

- **設問形式**　適語空所補充
- **必要スキル**　narrow contexts　：文脈からの語意確定　**重要!**
　　　　　　　　　　　　　　　　　センテンスの構造把握　**重要!**
　　　　　　　　　　　　　　　　　文脈の標識の捕捉
　　　　　　　wider contexts　：writing pattern の把握

　「適語空所補充」という設問形式は、様々な読解力のスキルを求める場合があります。「本書のコンセプト」の「読解スキル－設問形式」の対照表（p. 10）のところで示したように、センテンスの構造把握が土台となりますし、文脈の標識そのものが選択肢になることもあり、さらに、広範囲の論旨展開をその writing pattern の把握を通じて見ていないと手に負えない問題もあります。

　ただし、多くは前後の狭い範囲の文脈を押さえることで正答に達します。その文脈の関係は、「下線部語意確定」の際の4つ文脈の関係（p. 73）と変わりません。考えてみれば、「知らない単語や多義語の意味を文脈から推定すること」と「空所を文脈から推定して埋めること」には、同じ頭の働きが必要だと分かりますね。

　さらに言えば、この適語空所補充には、上記の「文脈把握」的要素以外に、文法的観点を必要としたり、「語彙問題」的要素が含まれていることがあります。本書は、読解力増強を目的としたものですが、この語彙問題的要素についても少し触れておきましょう。

(1) スペルのよく似た語の判別
(2) 語源的な知識からの判断
(3) 語法の知識からの判断

(1)「スペルのよく似た語の判別」は、たとえば ingenuous（率直な、無邪気な）

と ingenious（巧妙な、発明の才に富む）と ungenuine（本物でない）の判別や、complement（補完物）と compliment（賛辞）と compliant（従順な）のあいだの判別といったことを要求される場合です。

(2)「語源的な知識からの判断」は、astrophysics、biophysics、geophysics からの選択のような場合です。説明しますと、astro- は「星」、bio- は「生物」、geo- は「地球」のこと。physics は「物理学」ですね。じつはこの語も遠くギリシャ語の physis（ピュシス、自然）に由来していて「自然についての学」という意味です。さてそうすると、astrophysics（天体物理学）、biophysics（生物物理学）、geophysics（地球物理学）ということになります。

(3)「語法の知識からの判断」は、語の使用法に関するか観点を必要とするものです。一つには、動詞と前置詞の連結等です。substitute A（　）B といった空欄に、with、for、in、on のどれを入れるのか、といった問題です。I substitute honey for sugar.（私は砂糖の代りにはちみつを使います）となるように、for が正解ですね。動詞だけでなく、名詞の U/C（数えられる／られない）の観点を必要とするものもあります。paper、a paper、the papers の区別といったものが例です。もちろん paper が「紙」の意味の時は数えません。「論文、レポート」の意味では数えますし、「書類」の場合はしばしば papers となります。さらに、collocation（コロケーション）といって、ある単語とある単語を組み合わせて使った方が自然に聞こえる、といった観点を要求される場合もあります。例えば日本語では犯罪は「犯す」という動詞とよく一緒になりますが、英語では crime（犯罪）、murder（殺人）、assault（暴行）などは、commit を使います。

さて、上記のような様々なスキルと語彙的知識が関係する空所補充問題を解いてみましょう。この機会に、様々な解法の観点を必要とするような題材を選んで、「文脈からの語意確定」以外のスキル応用の練習もしましょう。

Lesson 10

Step 2 — Answering exam questions
入試形式の問題を解く

次のテキストには20の空欄（1-20）があり、各空欄に対する4つの選択肢が与えられています。最初に1度テキストを通読して、全体の意味を把握するようにつとめてください。その後、各空欄に最も適当と思われる選択肢を1つ選びなさい。

❶ Understanding the origin of life has been one of the two or three most important problems that inquiring minds have ever probed. It is of the __(1)__ significance that it has been only __(2)__ the last __(3)__ decades that any empirically sound questions and answers could be __(4)__. There are several reasons for this.

❷ First, the problem was __(5)__ too difficult. It required the __(6)__ of our understanding in many fields of knowledge __(7)__ the complexities of the problem could be analyzed. __(8)__ in our time have we been able to ask the questions which could __(9)__ viable hypotheses. This is an excellent example __(10)__ the fact that __(11)__ we must bide our time before we know enough __(12)__ the right question.

❸ Secondly, the topic was considered __(13)__, and any scientific inquiry __(14)__ the greatest resistance. Religious answers to the question "What is 'Life'?" had long been considered final. To date, long lists of defining __(15)__ for the word "life" have been proposed, __(16)__ an accurate, workable __(17)__ is still lacking. __(18)__, it appears that "life" can be minimally defined with two qualities: self-replication and adaptation. Any organism __(19)__ these two qualities probably __(20)__ alive.

Lesson 10

1	① best	② excellent	③ greatest	④ most famous
2	① among	② at	③ during	④ while
3	① few	② limited	③ multiple	④ plentiful
4	① alternated ③ premeditated		② formulated ④ regulated	
5	① flawlessly	② overly	③ simply	④ smoothly
6	① collapse	② density	③ growth	④ ongoing
7	① as	② before	③ on	④ to
8	① If	② Just	③ Only	④ Unless
9	① contract	② produce	③ seize	④ undermine
10	① by	② in	③ of	④ at
11	① frequent	② frequency	③ frequently	④ frequentness
12	① ask	② asking	③ to ask	④ have asked
13	① sacred	② scarce	③ scared	④ sufficient
14	① argued	② blocked	③ eliminated	④ encountered
15	① characters ③ characteristically		② characterizes ④ characteristics	
16	① instead	② there	③ why	④ yet

Lesson 10

17   ① contrast   ② definition   ③ problem   ④ request

18   ① At present   ② Long ago
         ③ Still before   ④ Until now

19   ① absorbing   ② denying   ③ possessing   ④ removing

20   ① considers   ② is considering
         ③ can be considered   ④ was considered

Step 3　Solutions
読解スキルからの解法

Lesson 10

正解

1	③	2	③	3	①	4	②	5	③	6	③	7	②	8	③	9	②
10	③	11	③	12	③	13	①	14	④	15	④	16	④	17	②	18	①
19	③	20	③														

解答・解説

1
正解 ③

解説　この問題は、あまり文脈には関わらない、コロケーションの問題であると思われる。該当のセンテンスの主語 It は、Understanding the origin of life（生命の起源を理解すること）を指している。significance（意義、重要性）を修飾する形容詞としてはもちろん数多くのものがあり得るが、例えば、cultural、economic、historical といった特定の領域を想定する要素は文脈にはない。従って、「意義、重要性」を協調しているに過ぎないと判断できる。こういう場合典型的な形容詞としては以下のものがあるだろう。

　considerable, deep, enormous, great, immense, major, profound, broader, full, general, universal, wider, real, true

　選択肢の中では、greatest が適当であろうと考えられる。

2
正解 ③

解説　まず、文法的観点から判断する。この箇所では the last ___(3)___ decades という目的語を持っており、節を従えていないので、接続詞の while は入らない。また、時間的な文脈で at は特定の「時点」（時刻など）を意味するので不適当。さらに among（one of）は、主語の it が、強調構文（It is... that...）の it であって、decade ではないので、当てはまらない。一方、during は、「特定の期間」を目的語にして「…間に」の意なので、適切である。

Lesson 10

3

正解 ①

解説 only に注目する。「…に過ぎない」という表現は、the last (3) decades が、著者の頭の中の一種の「類似関係」として、the last decades ≒「短い期間」と感じられていることが分かる。つまり、multiple（多数の）や plentiful（豊富な）で修飾されないということである。limited（限定されている）は、限定している「何か」が文脈上見当らないことから不適当である。

4

正解 ②

解説 第2パラグラフの (8) in our time have we been able to ask the questions which could (9) viable hypotheses.（今の我々の時代になって (8) 成功しそうな仮説を (9) ような問いを立てることができるようになった。）とある。つまり、この空所のある箇所 any empirically sound questions and answers could be (4) （何らかの経験上妥当な問いと答えが (4) されうるようになった）という箇所と明らかな「類似関係」、ほとんど同意表現となっている。言い換えると、questions を ask することと questions が (4) されることがほぼ同じでなくてはならない。それは alternate（交替させる）でも premeditate（前もって計画する）でも regulate（規制・調整する）でもなく、formulate（明確に述べる、定式化する）ことに相当するであろう。

5

正解 ③

解説 直前のセンテンス There are several reasons for this.（これにはいくつかの理由がある）に注目して、「因果関係」を考える。つまり、この空所が含まれるセンテンス the problem was (5) too difficult.（この問題はあまりにも難しすぎた）ことは this（生命の起源の問題の定式化が遅れたこと）の reason（理由）なのである。difficult であることを強調するような副詞を選ばなくてはならない。flawlessly（何の欠陥もなく）や smoothly（なめらかに）ではないことは明らかだろう。overly（過度に）が正解でないという判断は、ややコロケーションの知識を要するかもしれない。simply too... というは慣用的なつながりである。以下のような例がある。

　simply too good, simply too much, simply too expensive, simply too slow, simply too low, etc.

6
正解 ③

解説 この空所も「因果関係」を考える。It required the ___(6)___ of our understanding in many fields of knowledge ___(7)___ the complexities of the problem could be analyzed.（問題の複雑さが分析されうるようになる (7) 、知識の多くの領域において我々の理解の (6) が必要とされた）因果関係は、

　　理解の (6) → 問題の複雑さの分析可能

ということである。collapse（崩壊、失敗）、density（密度）、growth（成熟、増大）、ongoing（進行、前進）のうち適当なのは、growth である。

7
正解 ②

解説 これも前問と同様な「因果関係」を見る。「問題の複雑さの分析」の前に「理解の増大」が必要だといわれているはずだ。

8
正解 ③

解説 文法的観点で解くべき問題と言える。空欄に入るべき語は、節を伴っていないので、接続詞の If と Unless は入らない。一方、___(8)___ in our time のフレーズの後、have we been... と疑問文型の倒置が起きている。こうした倒置が起きるのは、否定的・制限的表現が前に出たときである。「否定的・制限的表現」とは、以下のようなもののことだ。

　　no, never, little, few, hardly, seldom, only, etc.

9
正解 ②

解説 the questions which could ___(9)___ viable hypotheses（成功しそうな仮説を (9) できる問い）というフレーズに注目すると、「問い」→「仮説」という「因果関係」が想像できる。contract（契約する、縮小する）、seize（ぐいとつかむ、とらえる）、undermine（下を掘る、むしばむ）ではなく、produce（生み出す）でなくてはならないことが分かるだろう。

Lesson 10

10

正解 ③

解説 This is an excellent example ___(10)___ the fact that...（このことは…の事実(10)例となっている）とある。直前の example がどのような「例示関係」を示唆しているのかを考えてみよう。This の内容は、直前の内容「生命の起源の問題について適切な問いを立てられるようになる前に、多くの領域での理解が増大しなくてはならなかったこと」である。そして、the fact は that 節と同格関係なので、その内容は we must bide our time before we know enough ___(12)___ the right question（適切な問いを(12)だけ十分に知るようになるまで、時節を待たなければならないということ）である。

つまり、ここでの「例示関係」は、以下のようなものである。
　　例：生命の起源の問題をはっきりさせるのに時間がかかったこと
　　一般的事実：適切な問いを(12)するには時節を待たなければならないこと
つまり、「…を示す例」というつながりでなくてはならない。example の一般的語法は、「…の例」のときは of、「…の見本、手本」ときは to か for、take example by him（彼を見習う）などというときは by である。正解は of である。

11

正解 ③

解説 この空欄の選択肢は、品詞の違いを問題にしていることが明らかであり、文法的観点で解くべきものである。つまり、frequent（形容詞）、frequency（名詞）、frequently（副詞）、frequentness（名詞）である。空欄に入るべき語は、主語・目的語・補語といった文型要素ではないから、名詞は入らない。名詞を修飾してもいないので形容詞も入らない。一方、後に続く節を修飾していると言えるので、副詞が適当である。

12

正解 ③

解説 ここは、enough の語法が問われている。enough to do で「…するのに十分な（もの）」の意味である。

13

正解 ①

解説 narrow context の「類似関係」から判断する。そのために直後のセンテンスに注目する必要がある。Religious answers to the question "What is 'Life'?" had long been considered final.（この「『生命』とは何か？」という問いに対しては、宗教的な答えこそが最終的なものであると、ずっと考えられていた。）とある。the topic was considered ___(13)___（この主題とは (13) と考えられていた）の the topic は、もちろん「生命とは何か」である。従って、「宗教的」と類似の形容詞が、ここに入らなくてはならない。sacred（神聖な、聖なる）が適当である。

14

正解 ④

解説 前問同様、直後のセンテンスに注目する。今度は「因果関係」を考える。「生命とは何か」について、「宗教的答えが最終的」（理由）だとしたら、any scientific inquiry（どんな科学的探究も）the greatest resistance（最大の抵抗）に (14) するという。さて、もちろん「抵抗」に「出会う」「直面する」といったことであるだろう。argued（論じた）、blocked（ふさいだ、妨害した）、eliminated（削除、消去した）ではなく、encountered が正解である。

15

正解 ④

解説 まず、long lists of defining ___(15)___ for the word "life" have been proposed（「生命」ということばがあらわす特性を明確にしようとする試みは、長大なリストとなるほど提案されてきた）という節の構造から、入るべき語の品詞を把握する。この箇所には、have been proposed という動詞に続く主語が入らなくてはならない。従って名詞でなくてはならない。①か④かということになる。ここは語法から判断する。character が、物事の特徴や特性を表すときは数えられない名詞として使う。従って正解は characteristics である。

16

正解 ④

解説 空欄が含まれているセンテンスの文構造をおさえる。S + V, S + V. というふうに、カンマだけで２つのセンテンスをつなぐことは原則的にできない。何か

Lesson 10

の「つなぎめ」つまり、接続詞か関係詞が必要である。4つの選択肢の中で、接続詞としての用法があるのは、yet のみである。

　もっとも、上のような文法的判断以外に、narrow context―対比関係として―から考えることもできる。To date, long lists of defining characteristics for the word "life" have been proposed（「生命」ということばがあらわす特性を明確にしようとする試みは、長大なリストとなるほど提案されてきた）という内容と an accurate, workable ＿(17)＿ is still lacking（正確かつ機能しうる (17) はいまだ存在していない）という内容、つまり「たくさんの提案」と「使えるものがない」ことは対比的であり、逆接でつながるような内容である。

17

正解 ②

解説 直前の long lists of defining characteristics for the word "life" という表現に含まれる、(17) との類似表現に気づいてほしい。「ことばを定義するような特徴」が提案されたのに、「正確かつ機能しうる (17) はいまだ存在していない」のである。(17) には「定義（になる特性）」と類似した意味のことばが入るはずである。

18

正解 ①

解説 時間的なことを正確に捉える。空欄は、カンマで区切られて文頭に出ており、以下の文を修飾する副詞句である。その文は、it appears that... と「現在」の話をしている。Long ago では過去のことになってしまう。Still before という単独の副詞句としての表現はまずない。Until now は、「今までのところ」だが、正確に言えば、「今まではそうだったが、ちょうど終わったところ」のことについて使う。つまり「現在」のことを含まない。（現在を含めていうときには so far）例えば、The weather was lovely until now. と言ったら、今はもう天気がよくなくなっている。At present は、「今、目下」である。

19

正解 ③

解説 直前の表現 "life" can be minimally defined with two qualities（「生命」の最低限度の定義は二つの性質で可能となる）と、空所を含む表現 Any organism

(19)　these two qualities（どんな生き物でもこれら二つの性質を (19) ）との間に明らかな「類似関係」があることに気づいてほしい。
　「生命」の定義を可能にする＝どんな生き物も持っている
ということになるであろう。possessing が正解である。

20

正解 ③

解説　まず、該当するセンテンスの主語は Any organism である。選択肢①や②だと「どのような生き物でも考える」となるが、これは、いかなる場合でもあり得ないことであろう。また、alive という形容詞が空所の直後にあることから、S＋V (consider)＋C という用法が consider にないことからも、正解でないことが分かる。ここは S＋V (consider)＋O＋C（O を C とみなす）の受動態となっているはずである。後は時制の問題と言えるが、このセンテンスとの内容「どんな有機体でもこの二つの性質を持っているものは、おそらく、生きていると見なすことが…」は、過去の事実ではなく、生物一般についての普遍的事実と考えられる。従って正解は、can be considered である。

Lesson 10

Step 4 — Japanese translations / 英文と和訳の確認

CD 8〜10

❶ ① Understanding the origin of life has been one of the two or three most important problems that inquiring minds have ever probed. ② It is of the greatest significance that it has been only during the last few decades that any empirically sound questions and answers could be formulated. ③ There are several reasons for this.

❷ ① First, the problem was simply too difficult. ② It required the growth of our understanding in many fields of knowledge before the complexities of the problem could be analyzed. ③ Only in our time have we been able to ask the questions which could produce viable hypotheses. ④ This is an excellent example of the fact that frequently we must bide our time before we know enough to ask the right question.

❸ ① Secondly, the topic was considered sacred, and any scientific inquiry encountered the greatest resistance. ② Religious answers to the question "What is 'Life'?" had long been considered final. ③ To date, long lists of defining characteristics for the word "life" have been proposed, yet an accurate, workable definition is still lacking. ④ At present, it appears that "life" can be minimally defined with two qualities: self-replication and adaptation. ⑤ Any organism possessing these two qualities probably can be considered alive.

❶ ①生命の起源の理解は、探究的精神がこれまでに精査してきた問題のうちで、最も重要な2、3の問題のうちの一つである。②最大の重要性を持つのは、何らかの経験上妥当な問いと答えが定式化されうるようになったのが、たかだかこの数十年間のあいだに過ぎないということである。③これにはいくつかの理由がある。

❷ ①第一に、この問題はあまりにも難しすぎた。②問題の複雑さが分析されうるようになる前に、知識の多くの領域において我々の理解が大きくなる必要があった。③今の我々の時代になってようやく、成功しそうな仮説を生み出させるような問いを立てることができるようになった。④このことは、一つの素晴らしい実例となって、以下の事実を示している。我々は、適切な問いを立てられるだけ十分に知るようになるまで、しばしば時節を待たなければならないということだ。

❸ ①第二に、この主題は神聖なものと考えられており、何であれ科学的探究を行うことは最大の抵抗に出会ったのである。②この「『生命』とは何か？」という問いに対しては、宗教的な答えこそが最終的なものであると、ずっと考えられていた。③現在までに、「生命」ということばがあらわす特性を明確にしようとする試みは、長大なリストとなるほど提案されてきた。しかし、正確かつ機能しうる定義はいまだ存在していない。④現在、「生命」についての最低限度の定義が、二つの性質によって可能となっているように思われる。それは、自己複製と適応である。⑤どんな有機体でもこの二つの性質を持っているものは、おそらく、生きていると見なすことができる。

Process 4
英文読解の完成

《応用編》
読解スキルからの解法

Unit 5
センテンスの構造把握

Lesson 11	語句整序	100
Lesson 12	パラフレーズ選択	108
Lesson 13	和訳	120

Lesson 11

語句整序

Step 1　Forms of questioning and reading skills
「設問形式」と「読解スキル」

- 設問形式　語句整序
- 必要スキル　narrow contexts　：文脈からの語意確定
　　　　　　　　　　　　　　　センテンスの構造把握　重要!

　このUnitで取り上げるのは、narrow contextの把握うち、主に「センテンスの構造把握」のスキルを用いて解くべき問題です。

＊　＊　＊　＊　＊　＊　＊　＊　＊　＊

　「語句整序」とは、複数の語句を適切に並べ替える問題です。一つのセンテンス、あるいはその一部を並べ替える問題は、一般に英作文のカテゴリーに属すると考えられますが、長文中でも問われることが時にあります。単文の場合と共通するスキルと、場合によっては前後のnarrow contextの把握の両方が必要な場合があります。

　まず、単文の場合と共通するスキルは、文構造の把握です。正確に言えば、これから並べるわけなので「文構造の予測」と言うべきかも知れませんが、問われている能力は基本的に変わらないのです。S、V、O、Cの文系要素をどう並べるか、形容詞的／副詞的修飾をどこに位置づけるか、が問われています。

　単文の整序問題と異なるスキルとして時に必要なnarrow contextの把握とは、前後の文脈から、該当の並べ替える箇所の内容を推測することです。これには、「指示表現の捕捉」や「文脈の標識の捕捉」のスキルが関係することもよくあります。

　それでは、この設問形式の具体的な解法のアプローチを述べましょう。

（1）<u>並べ替えるべき箇所の前後の文脈を把握</u>します。「並べられる箇所がどんな内容になりそうなのか」推測するためにです。具体的なヒントとなる表現（指示語・接続語）があればそれらを押さえます。選択肢ないしは前後のセンテンスの中に指示語があればそれが何を指しているのかを考え、文脈の標識があれば、そこから「例示」、「対比」、「付加」、「前後関係」などが把握できないか考えます。こうした手がかりがない場合でも、並べ替える要素を眺めてみれば、内容についておおよその推測はつくでしょう。これだけで、一気に正しい文が頭に浮かんでしまえばここで終了です。

（2）<u>イディオムや慣用語法、コロケーションなどでつながる要素</u>を探します。for、took、granted があれば、took ... for granted というつながりになるでしょう。to と attribute があれば attribute ... to ... というつながりが見えてきます。コロケーションということでいえば、たとえば no attempt と has made があれば、has made no attempt となるとか、attend と regularly があれば、おそらく regularly は attend にかかる副詞だと予想できます。

（3）<u>センテンスの構造</u>を考えます。これが最終兵器です。並べられる要素に動詞があればそこから取りかかります。なぜでしょう？英語のセンテンスの五文型は、「動詞が意味によってその文型を作る」ことに由来します。つまり、これこれの意味でこれこれの動詞が使われるとしたら、これこれの形になるというふうに決めているのは動詞自身です。現在時制であれば呼応から主語が単数か複数か分かりますし、suggest があれば、S suggest O か S suggest (to sb.) that S + V という形が予想できるといった具合です。

　さて、それでは練習問題を解いてみましょう。

Lesson 11

Step 2 — Answering exam questions 入試形式の問題を解く

下の英文は、ILO（International Labour Organization：国際労働機関）が運営するプログラム IPEC（International Programme on the Elimination of Child Labour：児童労働撤廃国際計画）が発表している「児童労働」についての定義です。指示に従って解答しなさい。

Considerable differences exist between the many kinds of work children do. Some are difficult and demanding, others are more hazardous and even morally reprehensible. Children carry out a very wide range of tasks and activities when they work.

Not〔 A 〕. Children's or adolescents' participation in work that does not affect their health and personal development or interfere with their schooling is generally regarded as being something positive.

......

文中の〔 A 〕に入れるために、1.～8.を並べ替えなさい。答えは並べ替えた順に番号を記入しなさい。

1. all work done
2. as
3. be targeted
4. by children
5. child labour that
6. for elimination
7. is to
8. should be classified

Step 3　Solutions
読解スキルからの解法

前後の文脈の把握

まず、〔 A 〕の前後の文脈を把握します。直前の段落は、「子供たちの行う仕事の多様性」を指摘しています。該当のセンテンスの直後は、「子供のする仕事が否定的な影響を及ぼさなければ肯定されるべきだ」と主張されています。つまり、並べ替える要素を眺めてみれば、Not〔 A 〕. というセンテンスの内容は、「all work（全ての仕事が）for elimination（廃絶）の対象になるわけではない」といったことではないかと想像できます。ここまでが、前後の文脈からのヒントです。

センテンスの構造の把握

さて次に、ここでのテーマである「センテンスの構造把握」の観点からアプローチしてみます。動詞は以下の2つです。

　　・is to be targeted
　　・should be classified

be targeted は、動詞の原形なので、どうしてもその前に to なり助動詞なりを必要とすることから、to be targeted と結ばれると分かります。

さらに、ここで使われている target、classify の2つの動詞がどんな前置詞句とよく結びつくのかというコロケーションを考えてみましょう。

target（…の対象にする）は、targeted for attack（攻撃目標になる）のように for をよく伴います。従って、is to be targeted for elimination とつながりそうです。一方 classify（分類する）は、information classified as secret（持ち出し禁止として分類される情報）のように as をよく伴います。従って、should be classified as と続くでしょう。

　　　　should be classified as（…として分類されるべき）
　　　　is to be targeted for elimination（廃絶の対象となるべき）
の2つのフレーズができたことになります。

Lesson 11

さて、これらの動詞の主語になり得るのはもちろん名詞相当語句なので、
　　all work done
　　children labour that
の2つであると判断できます。さて、どちらの名詞句がどちらの動詞部分に続くでしょうか？文頭は Not です。上の文脈からの推測を考えると、Not all work done が文頭に来て、部分否定となりそうです。

ところで、2つの動詞の部分があるということは、S＋V の組み合わせは2つあるということです。2つの節を結ぶには、接続詞か関係詞が必ず必要です。child labour that の that（関係代名詞主格）がこれにあたるに違いません。つまり、文脈だけでなく、文構造的に考えても、
　　　all work done ＋ V　→　children labour that ＋ V ...
の順序になっていることが予想できます。

　これで、Not all work done should be classified as children labour that is to be targeted for elimination. というところまで判明します。

　後は by children の入るところを決めればよいです。もちろん classify（分類したり）や target（対象にしたり）の行為を「子供たち」がすることは考えられないので、classified by children や targeted by children はあり得ません。「仕事」が、done by children（子供たちによって行われる）になります。

　最終的に、正しいセンテンスは以下となります。
Not〔all work done by children should be classified as child labour that is to be targeted for elimination〕.
（子供たちによって行われる全ての仕事が、児童労働に分類されるべきであり、廃絶の対象となるべきだというわけではない。）

正解

1―4―8―2―5―7―3―6
(all work done by children should be classified as child labour that is to be targeted for elimination)

＊　＊　＊　＊　＊　＊　＊　＊　＊　＊

　おそらく読者の皆さんは、この練習問題で見たような分析を全て行わなくても、どこか分析の途中で正解が思い浮かんだのではないでしょうか。もちろんそれならそれでよいのです。上のような文法・語法からのアプローチは、「困ったとき、いざとなったら」できることが必要なのです。

Lesson 11

Step 4 — Japanese translations
英文と和訳の確認

CD 11 〜 12

❶ ① Considerable differences exist between the many kinds of work children do. ② Some are difficult and demanding, others are more hazardous and even morally reprehensible. ③ Children carry out a very wide range of tasks and activities when they work.

❷ ① Not all work done by children should be classified as child labour that is to be targeted for elimination. ② Children's or adolescents' participation in work that does not affect their health and personal development or interfere with their schooling is generally regarded as being something positive.

❶ ①子供たちが行う多くの種類の仕事の間には、かなりの違いが存在する。②中には難しかったり骨の折れるものもあるし、危険を伴ったり道徳的に非難されるべきものだったりすることもある。③子供が働くとき、大変幅広い範囲の課題を果たしたり活動を行ったりすることになる。

❷ ①子供たちによって行われる全ての仕事が、児童労働に分類されるべきであり、廃絶の対象となるべきだというわけではない。②子供であれ青少年であれ、その従事する仕事が、健康や人としての発達に影響したり、学校教育の障害にならないのなら、それは一般に肯定的なものであると見なされる。

Lesson 12

パラフレーズ選択

Step 1　Forms of questioning and reading skills
「設問形式」と「読解スキル」

- **設問形式**　パラフレーズ選択
- **必要スキル**　narrow contexts　：文脈からの語意確定
　　　　　　　　　　　　　　　　センテンスの構造把握　*重要!*
　　　　　　　　　　　　　　　　指示表現の捕捉

　「パラフレーズ選択」というのは、聞き慣れない表現かもしれませんね。この設問形式は、短いフレーズから、長くて数行のセンテンスを対象にし、それを平易に分かりやすく言い換えるとどうなるか、選択肢を選ぶタイプのもののことです。特定の箇所の正確な解釈を求めていると言えます。細部の解釈が求められるわけなので、narrow context をつかむための4つの全てのスキルが必要となる可能性があるものですが、とりわけ、前提としてセンテンスの構造把握が正確にできていないと、文脈からの語意確定や指示表現の捕捉もままならないことになります。

Step 2 — Answering exam questions
入試形式の問題を解く

Read the article below and answer the questions that follow.

❶ Every author expects reviews while knowing, deep down, that few are chosen. Partly it is a question of numbers. The sheer quantity of titles—90,000 a year in Britain alone—is at least 85,000 more than reviewers can hope to accommodate.

❷ Talent is relevant—up to a point. A great number of books published (1) <u>are not worth a second glance except by their authors' relatives</u>. This is not to say that a bad book is automatically ignored. It all depends on what is written about and by whom. A dismal book on a prominent member of the royal family invariably climbs the heights. For a dismal book by a prominent member of the royal family, the sky is the limit.

❸ An easily recognizable name is always a help in attracting publicity. This is why established authors—even (2) <u>those who fail to live up to their early creativity</u>—can rely on extensive coverage whenever they reappear in print.

❹ Knowing the right people helps. Some time ago, *The Sunday Times* ran a survey of 5,000 book reviews that revealed how well-connected authors slyly promote each other's careers, setting up their own little groups that have a powerful influence on the publishing industry. The study, which sampled 1,200 books published in the last year, included a detailed analysis of the 100 most reviewed books. It found that one in three of the authors of those books had also reviewed other writers on the top 100 list; they accounted for 60 out of the 650 reviews; and the connections spread out in all directions.

❺ "The message," said *The Sunday Times*, "is clear: if you want to get ahead as a writer, find a literary 'mafia' prepared to mention your name at the right parties and review your books in the right papers."

❻ Subject matter has the single most powerful influence on review coverage. Romance novels and thrillers are largely ignored because there is little to be said about them except that they are good, bad or indifferent. Likewise, first novels. Biographies, on the other hand, are ideally suited to the needs of the

Lesson 12

feature writer. (3) <u>The number of column inches</u> given to them is out of all proportion to their sales potential; a memoir of a recently retired politician is always good for a lively debate, which is what makes a readable feature. Whether or not the article sets off a rush to the bookshops is irrelevant.

❼ For the most part, book reviewing is a gentler business than, say, theatre or film criticism. Savagery seldom intrudes into the literary pages and nowadays there is no (4) <u>single book critic who is credited with the power to make or break an author</u>. Because there are more books than there are movies or plays, criticism is diluted by its spread across a huge range of subjects. Also, literary critics (5) <u>tend towards books that they think deserve favour</u>. Film and theatre critics, with fewer titles to choose from, cannot ignore bad productions. Instead, they dispose of them with a few poisoned words.

In the text, there are five underlined expressions (1) — (5). In each case, decide which of the following is closest in meaning and mark the appropriate number (①—④).

1 are not worth a second glance except by their authors' relatives
① require to be read more than twice
② are only looked at by the author's family
③ are very poor in quality
④ require to be read with concentration at one sitting

2 those who fail to live up to their early creativity
① those authors whose best book was written recently
② those authors who have declined in the quality of their literary output
③ those authors who write best in the morning
④ those authors who have failed to earn enough from their early masterpieces

3 The number of column inches
① The height   ② The description
③ The praise   ④ The space

4 single book critic who is credited with the power to make or break an author
① person believed to have the power to ruin an author's reputation
② person who can ruin a reputation on the basis of one book
③ person who reads only one book before judging an author
④ person who gives an author a chance to write a book

5 tend towards books that they think deserve favour
① are inclined to read the books they like
② are inclined to review the books that they have a high opinion of
③ tend to come to like books while reviewing them
④ tend to write reviews because they think they themselves need praise

Lesson 12

Step 3 — Solutions
読解スキルからの解法

正解

1 ③   2 ②   3 ④   4 ①   5 ②

解答・解説

1 are not worth a second glance except by their authors' relatives

正解 ③

選択肢訳
① 二度以上読まれる必要がある
② 著者の家族によってのみ見られる
③ 質的にとても良くない
④ 一回で集中して読まれる必要がある

解説 be worth ... は、「…の値打ちがある、…する価値がある」。a second glance の a second は、「二番目の」ではなく「もう一度の」。second、third、…といった助数詞は、another に相当する「もう一つの」を表す場合には、the でなく不定冠詞がつく。except は前置詞だが、名詞の目的語が続くとは限らない。前置詞句／副詞節／to 不定詞などを従えて副詞的修飾となる場合がある。(こういう場合は、except を接続詞と考えても良い。) 従って、except by their authors' relatives は、「著者の親族による場合を除いて」である。their は、A great number of books を指している。すると、are not worth a second glance except by their authors' relatives は、「それらの本の著者の親族による場合でなければ、二度目を向ける価値がないものである」と訳すことができる。ただし、選択肢にその日本語訳そのものに相当するものはない。親族は価値がなくても何度も読むかもしれないが、普通の読者は二度読んだりする価値がない、といっているのは、すなわち、客観的に見れば、読む価値のないほど質的に劣ったものだ、ということになる。

---

2 those who fail to live up to their early creativity

正解 ②

選択肢訳

① 最近その最良の本が書かれた著者
② 文学的作品の質という点で衰えてしまった著者
③ 午前中に最も上手く書ける著者
④ 初期の主要作品から十分に稼ぐことができなくなった著者

解説 fail to do は「…することができない」、live up to... は「…に相応しい、…に応える」である。their は、those を受けているわけだが、実質的には「著者」に相当する。つまり、「初期の頃に持っていた創造性に応えることができない著者たち」と訳すことができる。これはつまり、文学的な作品創造能力が衰えてしまったことを意味している。

3 The number of column inches

正解 ④

選択肢訳

① 高さ ② 描写 ③ 賞賛 ④ 空間

解説 この問題は、主に「文脈からの語意確定」のスキルを必要とする。The number of column inches given to them is out of all proportion to their sales potential というセンテンス全体の意味を考えてみよう。them と their は、このパラグラフの前半で言及されている novels や biographies、つまり「本」である。しかもこのパッセージ全体の topic は reviews（批評）である。従って、The number of column inches とは、「本に与えられる、批評と関係するもので、本の売り上げと関係するもの」、しかも、the number of に続いていることから何らかの「数量的」に考えられるもののことである。建築における「円柱」の意とは無関係なはずである。「高さ」ではない。「どのくらいの紙面（空間）が割かれるか」に類似した意味だと推測できる。つまり、column は、ここでは「（新聞・雑誌などの）縦の欄」のことである。ちなみに、column inch とは、新聞の印刷面の計測単位で、横1コラム分、縦1インチの大きさのことだ。

4 single book critic who is credited with the power to make or break an author

正解 ①

選択肢訳

① 著者の評判を台無しにするほどの力を持つと信じられている人
② 一冊の本を基に評判を台無しにすることができる人

Lesson 12

③ 著者を判断するのに一冊だけ本を読む人
④ 著者に本を書く機会を与える人

解説　まず、there is no single book critic who... の箇所で、single の意味を取り違える可能性がある。single book critic は、single book（ただ一冊の本）を読む critic（批評家）ではない。book critic（本の批評家）で who ... のような人は there is no single...（ただの1人もいない）である。文構造的な観点から説明すれば、single という形容詞は、book を修飾しているのではなく critic を修飾している。次に、be credited with... は、「〜の功績［効果・資質］があると信じられている」という意味の慣用的な言い方である。to make or break an author の「著者を作ったり壊したりする」は、これが批評の話であるという文脈を考えれば、「著者の評判を左右する」ことだと解釈できる。

5　tend towards books that they think deserve favour

正解　②

選択肢訳
① 自分たちの気に入る本を読む傾向がある
② 自分たちが高く評価している本を批評する傾向がある
③ それらを批評している間に本が好きになる傾向がある
④ 彼ら自身が賞賛をされる必要があると考えるがゆえに批評を書く傾向がある

解説　tend toward とは、ある方向（性質や状態）に「向かう、おもむく」という意味である。このセンテンスの主語が、literary critics（文学批評家）であることから、「文学批評家が本に向かう」とすればそれは「そういう本の批評を書く傾向にある」ことである。これは、「文脈からの語意確定」のスキルに関わる。次に、books that they think deserve favour というところは、正確な文構造把握が必要である。このような形を難しい文法用語では、「連鎖関係詞節」と呼ぶ。連鎖関係詞節とは、関係詞節の中に［S + think / believe / suppose / say / know / hear などの that 節を取る動詞］という形が挿入されるものをいう。つまりここでは they think が挿入されている。that は、主格の関係代名詞であり、deserve が関係節中の述語動詞である。books that deserve favour だったとしたら「支持する価値がある本」だが、ここに they think が挿入されることで「彼らが支持する価値があると思う本」となる。deserve は、S + deserve + O で「S は、O〈賞罰・賞賛・注目などを〉受けるに足る、値する」である。また、favour には、「親切な行為、世話」「好意、支持、引立て」「好都合、おかげ、助け」「味方、ため、利益」など

の意味もある多義語である。ここでも「文脈からの語意確定」が必要である。「文学批評家がこれは…を受ける価値があると考える」際の「…」とは何か？「支持、引き立て、賞賛」といったことだと解釈できる。

Lesson 12

> **Step 4**　　　　**Japanese translations**
> 　　　　　　　　英文と和訳の確認

CD 13 ～ 16

❶ ① Every author expects reviews while knowing, deep down, that few are chosen. ② Partly it is a question of numbers. ③ The sheer quantity of titles—90,000 a year in Britain alone—is at least 85,000 more than reviewers can hope to accommodate.

❷ ① Talent is relevant—up to a point. ② A great number of books published are not worth a second glance except by their authors' relatives. ③ This is not to say that a bad book is automatically ignored. ④ It all depends on what is written about and by whom. ⑤ A dismal book on a prominent member of the royal family invariably climbs the heights. ⑥ For a dismal book by a prominent member of the royal family, the sky is the limit.

❸ ① An easily recognizable name is always a help in attracting publicity. ② This is why established authors—even those who fail to live up to their early creativity—can rely on extensive coverage whenever they reappear in print.

❹ ① Knowing the right people helps. ② Some time ago, *The Sunday Times* ran a survey of 5,000 book reviews that revealed how well-connected authors slyly promote each other's careers, setting up their own little groups that have a powerful influence on the publishing industry. ③ The study, which sampled 1,200 books published in the last year, included a detailed analysis of the 100 most reviewed books. ④ It found that one in three of the authors of those books had also reviewed other writers on the top 100 list; they accounted for 60 out of the 650 reviews; and the connections spread out in all directions.

❶ ①著者はみんな批評を期待する。一方では、内心、選ばれるのはほんのわずかだと分かっている。②一つにはこれは数の問題だ。③ものすごい数のタイトル―英国だけで年に 90,000―があり、今の批評家たちがまかなえる数を、少なくとも 85,000 以上越えるものだ。

❷ ①才能は関連する―ある程度までは。②出版される書籍の中の多くは、著者の親戚による以外、二度目を向ける価値がないものである。③こう言ってもそれは、出来の悪い本が自然に無視されるということではない。④全ては、何について誰が書いているかにかかっている。⑤王室の有名人に関する陰気な本は、間違いなく最高まで上り詰める。⑥王室の有名人による陰気な本に関しては、天井知らずである。

❸ ①簡単に誰だと分かる名前は、評判を取るのには常に助けとなる。②そういうわけで、名を成した著者は―昔持っていたような創造性を生み出すことが期待できないような人でさえ―自分の名前が印刷されて再び現れれば、いつだって広範囲な報道をあてにできる。

❹ ①相応しい人間を知っているというのが役に立つ。②少し前の話だが、サンデー・タイムズが、5,000 の批評について調査を行ったことがある。それで明らかになったのは、お互いにつながりを持つ著者たちが、自分たちの仕事をこっそり宣伝し合っている様子であった。彼らは自分たち自身で小さなグループを作り、そのグループが出版界に強力な影響力を持っているのである。③この調査研究は、昨年出版された 1,200 冊をサンプルとして調べたものだが、100 冊の最も多くの批評を受けた本についての詳細な分析を含んでいた。④そこで分かったことは、これらの著者の 3 人に 1 人は、トップ 100 に入っている別の著者の批評もしているということだった。こうしたケースが占める割合は、650 のうち 60 の批評だった。さらに言えば、このようなつながりはあらゆる方向に広がりを持っていた。

Lesson 12

❺ ① "The message," said *The Sunday Times*, "is clear: if you want to get ahead as a writer, find a literary 'mafia' prepared to mention your name at the right parties and review your books in the right papers."

❻ ① Subject matter has the single most powerful influence on review coverage. ② Romance novels and thrillers are largely ignored because there is little to be said about them except that they are good, bad or indifferent. ③ Likewise, first novels. ④ Biographies, on the other hand, are ideally suited to the needs of the feature writer. ⑤ The number of column inches given to them is out of all proportion to their sales potential; a memoir of a recently retired politician is always good for a lively debate, which is what makes a readable feature. ⑥ Whether or not the article sets off a rush to the bookshops is irrelevant.

❼ ① For the most part, book reviewing is a gentler business than, say, theatre or film criticism. ② Savagery seldom intrudes into the literary pages and nowadays there is no single book critic who is credited with the power to make or break an author. ③ Because there are more books than there are movies or plays, criticism is diluted by its spread across a huge range of subjects. ④ Also, literary critics tend towards books that they think deserve favour. ⑤ Film and theatre critics, with fewer titles to choose from, cannot ignore bad productions. ⑥ Instead, they dispose of them with a few poisoned words.

❺ ①サンデー・タイムズ紙はこう言う。「教訓は明らかだ。著者として頭角を現したかったら、文学界の『マフィア』を見つけることだ。そういう人がすすんで、相応しいパーティー会場であなたの名前を挙げたり、相応しい新聞紙上であなたの本を批評してくれる。

❻ ①題材は、批評記事に対して、まさにもっとも強力な影響力を及ぼす。②恋愛小説とスリラーは、たいてい無視される。こういうものについては、良いとか悪いとかどちらでもないとか以外、語るべきことがほとんどない、というのがその理由である。③処女作というのもこの類の話である。④一方、伝記といったものは、特集記事を書く人にとっては理想的と言えるほど格好のものだ。⑤本が何コラムインチの記事になるのかは、その本の販売見込みと全然比例しない。引退して間もない政治家の回顧録は、活発な議論のネタとしては常に優れたものだ。そして、読んで面白い特集記事になる。⑥その記事がきっかけでみんなが本屋に殺到するかどうかとは、関係しない。

❼ ①たいていの場合、例えば演劇や映画の批評に比べれば、本の批評は穏やかな仕事である。②文学欄に粗暴さが入り込んでくることは滅多にないし、今、たった１人の本の批評家で、１人の著者を成功させたりつぶしたりするほどの力があると評される者は誰もいない。③本は映画やお芝居よりも数が多いので、批評も膨大な範囲の話題にわたって広がり、希薄なものにされてしまう。④さらに、文学批評家は、傾向として、支持する価値があると自分で思える本に向かう。⑤映画や演劇の批評家は、選べるタイトルの数がもっと少ないので、良くない作品も無視できない。⑥その代わりに、毒のあるわずかなことばで、こうした作品を片付ける。

Lesson 13

和訳

Step 1　Forms of questioning and reading skills
「設問形式」と「読解スキル」

- **設問形式**　和訳
- **必要スキル**　narrow contexts　：文脈からの語意確定
　　　　　　　　　　　　　　　　　　センテンスの構造把握　**重要!**
　　　　　　　　　　　　　　　　　　指示表現の捕捉

　英語を日本語に直す「部分和訳」形式が出題される場合、出題者の意図はおよそ2つに分けられるように思われます。

(1) 複雑な文構造を正確に分析して、細部の正確な読解力を見る。
(2) 前後の文脈から特定箇所の正確な解釈力を見る。

　(1)については、もちろん複雑で長いセンテンスの箇所が問題にされることが多くなります。多くの修飾語句があるというだけでなく、倒置や挿入が含まれていることで、複雑な構造となっていたり、仮定法や受動態、精密な時制の使い分けなどがあって、それらを正確に把握する必要があったりします。

　(2)については、逆に短い部分が問題にされることも多く、センテンスの構造としてはシンプルなこともしばしばです。しかし、その代わり、というかそのせいでかえって分かりにくいケースもあります。つまり、指示語を多く含んでいたり、省略があるなど、そうした部分を前後の文脈から十分に補わないと正確な解釈ができないといった具合です。語句の意味にしてもいわゆる「辞書的な」訳語を当てはめることでは正しく解釈したことにならなかったりします。

　この2つの出題の意図は、組み合わされて一つの設問箇所に現れることも多いので、さらに複雑です。言い換えると、(1)への対応として正確な「センテンスの文構造把握」が土台となるものの、(2)への対応を考えれば「文脈からの語意

確定」や「指示表現の捕捉」のスキルも併せて必要となることが多いのです。

　さて、それでは、一般的な部分和訳の解答作成の手順を、整理して見ましょう。慣れないうちは、意識的に以下の手順をステップバイステップで踏んでいくとよいと思います。

〈手順1〉　センテンスの正確な構造把握：先に「理論編」で述べたように、文型的要素と修飾関係を押さえます。

〈手順2〉　指示語の捕捉と省略の補完：これらがあれば——実際に訳語として日本語に表すかどうかは別として——内容理解のために考えておく必要があります。

　ここまでで、当のセンテンスの解釈はだいたいできているはずです。後は、

〈手順3〉　分かりやすい日本語として表現する。

だけですね。確かに、分かりやすい日本語を書くことはとても重要です。採点官は普通（高校や予備校の先生のように）英文とあなたの答案を見比べながら「ここは上手く日本語にはなっていないが、分かっているようだな」などと、皆さんに寄り添って採点はしてくれません。一度読んで日本語として不明瞭ならば、ほとんど点がないと思った方がよさそうです。とはいえ、分かりやすい日本語にするためには、いわゆる訳し方のテクニックや日本語の表現力以前に、その英文の意味がクリアーになっていなくてはなりません。そのために上の手順1、手順2は必須なのです。

　「センテンスの言いたいことはよく分かった」という前提で、それではどうしたら分かりやすい日本が書けるのでしょうか？
　ここでは、「優れた翻訳」を目指す必要はないので、基本方針として勧められるいくつかの基本的な点に関するアドバイスをしておきましょう。

〈アドバイス1〉　できるだけ日本語の訳文は短い文にする
　部分和訳を要求されるセンテンスは、(1)の出題者の意図がある以上、かなり長いことが多いですが、「英文で1センテンスのものは日本語訳でも1文とする」

Lesson 13

というルールはありません。分かりやすく明瞭にするためには、訳の日本文はできるだけ短い方が良いのです。必ずしも常にうまくいくとは限りませんが、「一つの節は一つの日本文で」ぐらいの気持ちでよいでしょう。この場合最も「つまずき」の原因となるのは、関係節でしょう。原則的には後ろからひっくり返って訳さない方がいいのです。関係代名詞であれば、これはそもそも「代名詞」ですから「そして（だが）それ（その人）は」とか「そして（だが）それ（その人）を」などとしてしまいます。関係副詞の where は、「そしてそこで」、when は「そしてその時」という具合です。主節を後ろから修飾する副詞節も後ろからひっくり返って訳さないようにします。before、after の後に比較的長い部分がある場合などは、「…の前に」「…の後に」と訳さず、「そしてそれから…」とか「それ以前に…」などとします。though... も場合によっては、「もっとも…ということはある」などと続けられます。

〈アドバイス2〉できるだけ英語の語順通りに訳す

　もともと、英語は「後置修飾」と言って、名詞であれ他の要素であれ、後ろから説明としての修飾語句（節）が置かれることが多いですね。言い換えると普通の日本語と順序が逆になることが多いわけです。This is the bag which I bought at the department store yesterday. は、日本語では普通「これは私が昨日デパートで買ったバッグです。」となりそうです。もちろんこれでも正しい訳文ですが、「このバッグですが、私がこれを買ったのは、デパートで、昨日のことです。」と訳しても正しい日本語です。英語の語順にできるだけ近づける方針で行くと、後ろからひっくり返る必要がないので、アドバイス1の短い文にしやすいということがあります。また、英文の一部を訳し忘れる、という危険も少なくなります。文構造そのものが語順通りに読むことでつかみやすいわけですから、そもそもこの訳し方は文構造の「取り違え」から来る誤訳の可能性が大きく減ります。さらに言えば、だいたい書き手の思考の順序に沿うことになりますので、書き手の頭の中のロジックや連想に近い表現ができるという意味で正確になります。

〈アドバイス3〉無生物主語は副詞的に訳す

　これはよく言われることなので、ご存知でしょう。日本のお医者さんが、「運動と健康的な食事は心臓病を予防することができます。」とはあまり言いそうにありません。しかし、Exercise and a healthy diet can prevent heart disease. は自然です。日本語なら「運動と健康的な食事をすることで、心臓病を予防することが

できます。」の方が自然ですね。つまり、Exercise and a healthy diet という無生物主語を「…することによって」と、あたかも原因（手段）を表す副詞的表現であるかのように訳す方が、自然になる、ということです。（もっとも「運動と健康的な食事が、心臓病の予防になります。」の方がさらに自然な日本語だという感じる人もいるでしょう。これは、英文の構造にこだわらず日本語として表現し直していますので、これをスムーズにやるには普段からちょっと日本語感覚を磨く必要がありそうです。）

〈アドバイス4〉長く、連続する名詞修飾の前置詞句は「文」として訳す

やや極端な例ですが、The prejudice towards the foreign laborers as a reflection of our recent realization of economic strength seems to be rising anew. というセンテンスがあったとします。「経済的な強さの我々の最近の実現の反映としての外国人労働者に対する偏見が、新たに台頭しつつあるように思われる。」と英語の前置詞句をそのまま「…の」の連続として訳すと、いかにも「分かりにくい」日本語になりますね。英語は、日本語よりもはるかに長い名詞句を容認するようです。でも、日本語でそうすることは不自然で分かりにくいですね。こうした場合、「名詞句を文にする」とかなりすっきりすることがあります。例えば上の英文は、「我々は最近経済的な強さを現実に手に入れることができた。その反映として、外国人労働者に対して偏見を持つということが、また新たに起きてきているようだ。」

これ以外にも、上手な日本語訳の「コツ」はたくさんありそうですが、高得点を狙うための基本的アドバイスとしては足りていると思います。

また、この本の中の「和訳」は、上の4つのアドバイスで示した方針に従って書かれていますので、常に参考にしてもらえると、もっと具体的にイメージすることもできるでしょうし、読者の皆さんの身につく力になっていくと期待しています。

Lesson 13

Step 2 — Answering exam questions
入試形式の問題を解く

次の文の下線をほどこした部分 (1)、(2)、(3) を和訳しなさい。

❶ In the Greek peninsula early in the fifth century B.C., there emerged a group of individuals, many of them with beards, who were singularly free of the anxieties about status that tormented their contemporaries. These philosophers were untroubled by either the psychological or the material consequences of a humble position in society; they remained calm in the face of insult, disapproval and poverty. When Socrates saw a pile of gold and jewellery being borne in procession through the streets of Athens, he exclaimed, "Look how many things there are which I don't want." When Alexander the Great passed through Corinth, he visited the philosopher Diogenes and found him sitting under a tree, dressed in rags, with no money to his name. Alexander, the most powerful man in the world, asked if he could do anything to help him. "Yes," replied the philosopher, "if you could step out of the way. You are blocking the sun." Alexander's soldiers were horrified, expecting an outburst of their commander's famous anger. But Alexander only laughed and remarked that if he were not Alexander, he would certainly like to be Diogenes. Antisthenes was told that a great many people in Athens had started to praise him. "Why," he answered, "what have I done wrong?" Empedocles had a similar regard for the intelligence of others. He once lit a lamp in broad daylight and said, as he went around, "I am looking for someone with a mind." (1) Having watched Socrates being insulted in the market place, a passer-by asked him, "Don't you worry about being called names?" "Why? Do you think I should resent it if a stupid horse kicked me?" replied Socrates.

❷ It was not that these philosophers had ceased to pay any attention to a distinction between kindness and ridicule, success and failure. They had merely settled on a way of responding to the darker half of the equation that owed nothing to the traditional honour code, and its suggestion that what others think of us must determine what we can think of ourselves, and that every insult, whether accurate or not, must shame us.

❸ Philosophy introduced a new element to the relationship with external opinion, what one might visualize as a box into which all public perceptions, whether positive or negative, would first have to be directed in order to be assessed, and then sent on to the self with renewed force if they were true, or ejected harmlessly into the atmosphere to be dispensed with a laugh or a shrug of the shoulders if they were false. The philosophers termed the box "reason."

❹ (2) According to the rules of reason, a given conclusion is to be deemed true if, and only if, it flows from a logical sequence of thoughts founded on sound initial premises. Considering mathematics to be the model of good thinking, philosophers began to search for an approximation of its objective certainties in ethical life too. Thanks to reason, our status could—philosophers proposed—be settled according to an intellectual conscience, rather than being abandoned to the whims and emotions of the market square. And (3) if rational examination revealed that we had been unfairly treated by the community, philosophers recommended that we be no more bothered by the judgement than we would be if we had been approached by a confused person bent on proving that two and two amounted to five.

Lesson 13

Step 3　Solutions
読解スキルからの解法

正解

(1) 市場の中でソクラテスが侮辱されているのを目にした後で、ある通行人が彼に尋ねた。「悪態をつかれても気にならないのか？」「いったいなにゆえにそうする必要があるというのか？愚かな馬に蹴られた場合に私がそれに憤慨すべきだとでも思うのか？」ソクラテスはそう答えた。

(2) 理性の決まりによれば、一定の結論が真実と考えられるとすれば、最初に理にかなった前提があって、それに基づいていくつかの考えが論理的につながり、その結果、その結論が、生じてくる場合である。しかもその場合以外ではあり得ないのだ。哲学者たちは、数学が正しい思考のモデルであると考え、倫理的な生活においても、数学的な客観的確実性に近いところを求めるようになった。

(3) 合理的な吟味によって、我々がこれまで、社会から不当な扱いを受けてきたことが明らかとなったなら、哲学者の勧めるのは、そのような社会の判断にもはや煩わされないことである。2＋2が5だと証明しようというような、おかしな人間が近づいてきても、我々が煩わされることはないだろう。それと変わらないという。

解説

(1)

解説 この箇所は、どちらかといえば文脈把握を確かめようとする問題であり、出題者の意図は (2) のタイプの方に該当しそうである (p. 120)。しかしここでもまずはしっかりと文構造を捉えておかなければならないだろう。1番目のセンテンスから始めよう。

Having watched Socrates being insulted in the market place, a passer-by asked him, "Don't you worry about being called names?"

　分詞構文が前に出ているが、having + done の完了分詞となっているので、asked の過去時制との組み合わせから、通行人は「尋ねた」時点ですでにソクラテスの様子を見ていたことになる。言い換えると、having watched を「見ながら」

と訳すのは間違いで、「見た後で」と訳すべきだろう。call 人 names は慣用表現で「罵倒する、悪口を言う」である。

　この部分の訳は「市場の中でソクラテスが侮辱されているのを目にした後で、ある通行人が彼に尋ねた。『悪態をつかれても気にならないのか？』」となる。

　2つ目に移ろう。
"Why? Do you think I should resent it if a stupid horse kicked me?" replied Socrates.

　Why? はまず省略を補って考える。直前の通行人の質問の内容から
Why should I worry about being called names?（どうして私が罵倒されたことを気にかけるのだ？）
ということであろう。これはいわゆる「反問」であり、相手に返答を求めているのではなく、強く否定している。従って「なぜですか？」でも間違いではないが、むしろ反問であることを明確化して「いったいなぜ？」とか、さらに踏み込んで「いったいなにゆえにそうする必要があるというのか？」というところまで補って訳してもよい。「省略の補完」の必要を先に指摘しておいたが、それはこうした正確な解釈に必要だからである。次に ... resent it の it の指示語捕捉が必要である。この it は if 以下の内容を先取りしている。つまり、「愚かな馬が私を蹴ること」である。さらに、この Do you think...? というのも反問である。相手に「どう思うのか？」聞いているのではない。必ずしも訳出する必要はないが、あえて明確にするなら、「私が憤慨すべきだとでも思うのか？」といったことになる。

　さて、この2つの反問を明確にして訳せば「いったいなにゆえにそうする必要があるというのか？愚かな馬に蹴られた場合に私がそれに憤慨すべきだとでも思うのか？」となる。

---

(2)

　解説　こちらも最初のセンテンスから始める。

According to the rules of reason, a given conclusion is to be deemed true if, and only if, it flows from a logical sequence of thoughts founded on sound initial premises.

　a given は「与えられた」ではなく形容詞化しており「ある特定の」である。is to be deemed については、be to- 不定詞が時に助動詞的に使われる用法だが、「予定・義務・可能・運命・意志」などを表す。ここでは「正しいと考えることができる」の意で「可能」を表すと考えられる。（文脈から判断できるが、一般に to be done

Lesson 13

Lesson 13

と受動態になっているとき「可能」を表すことが多い。) if, and only if, it flows ... という箇所は、it flows ... が if と only if の両方の後に続く共通の要素であることを見抜く。また、この it は、the given conclusion と置き換えられる。最後に sound の語意を明確にすることが大切だ。形容詞として使うとき、「健全な」(a sound body) とか「深い」(a sound sleep) もありうるが、ここでは「理にかなった」である。

訳文の作り方のポイントとしては、if, and only if, ... 以下を後ろからひっくり返らないように工夫することである。つまり、先に述べた「語順を崩すな」の基本方針を貫く。さらに、「できるだけ短い日本文で」の原則に従い、and only if の部分を、別の文として付け加えることもできる。すると訳文はたとえばこんな風になる。

「理性の決まりによれば、ある特定の結論が真実と考えられるとすれば、最初に理にかなった前提があって、それに基づいていくつかの考えが論理的につながり、その結果、その結論が、生じてくる場合である。しかもその場合以外ではあり得ないのだ。」

では後半に移ろう。

Considering mathematics to be the model of good thinking, philosophers began to search for an approximation of its objective certainties in ethical life too.

分詞構文が前に出ているが、特に構造上難しいことはないだろう。its の指示内容だけはしっかり押さえてほしい。それは mathematics である。

「哲学者たちは、数学が正しい思考のモデルであると考え、倫理的な生活においても、数学的な客観的確実性に近いところを求めるようになった。」

---

(3)

解説 if rational examination revealed that we had been unfairly treated by the community, philosophers recommended that we be no more bothered by the judgement than we would be if we had been approached by a confused person bent on proving that two and two amounted to five.

まずこのセンテンスを一つの日本文にするのは至難である。難しいだけでなく、誤読や「訳し忘れ」を誘発するだろう。下の訳例では、no more... than... の例の慣用的比較表現〈Sが…でないことは…(than 以下)と同様である〉の前後で分けている。philosophers recommended that... の部分の処理の仕方に注目してほしい。ありがちな訳し方は、「哲学者たちは、……と勧めた。」であろう。そう

すると、「哲学者たち」という主語と「勧めた」という動詞が、とても離れてしまい、大変分かりにくい日本語となる。そこで、「英語の語順に従って」、「哲学者たちの勧めたことは、……」とした。一般的ないい方をすれば、S + V + O の「O」の部分が長いとき、「S が O を V」とせずに「S が V するのは O」とするとスムーズなことが多い。

　would be の後に何が続くのか、補うことも大切である。bothered である。bent on 〜 ing は、「〜しようとしている、〜するつもりである」の意味の慣用表現である。

　「合理的な吟味によって、我々がこれまで、社会から不当な扱いを受けてきたことが明らかとなったなら、哲学者の勧めるのは、そのような社会の判断にもはや煩わされないことである。2 + 2 が 5 だと証明しようというような、おかしな人間が近づいてきても、我々が煩わされることはないだろう。それと変わらないという。」

Lesson 13

Step 4 — Japanese translations 英文と和訳の確認

❶ ① In the Greek peninsula early in the fifth century B.C., there emerged a group of individuals, many of them with beards, who were singularly free of the anxieties about status that tormented their contemporaries. ② These philosophers were untroubled by either the psychological or the material consequences of a humble position in society; they remained calm in the face of insult, disapproval and poverty. ③ When Socrates saw a pile of gold and jewellery being borne in procession through the streets of Athens, he exclaimed, "Look how many things there are which I don't want." ④ When Alexander the Great passed through Corinth, he visited the philosopher Diogenes and found him sitting under a tree, dressed in rags, with no money to his name. ⑤ Alexander, the most powerful man in the world, asked if he could do anything to help him. ⑥ "Yes," replied the philosopher, "if you could step out of the way. You are blocking the sun." ⑦ Alexander's soldiers were horrified, expecting an outburst of their commander's famous anger. ⑧ But Alexander only laughed and remarked that if he were not Alexander, he would certainly like to be Diogenes. ⑨ Antisthenes was told that a great many people in Athens had started to praise him. ⑩ "Why," he answered, "what have I done wrong?" ⑪ Empedocles had a similar regard for the intelligence of others. ⑫ He once lit a lamp in broad daylight and said, as he went around, "I am looking for someone with a mind." ⑬ Having watched Socrates being insulted in the market place, a passer-by asked him, "Don't you worry about being called names?" ⑭ "Why? Do you think I should resent it if a stupid horse kicked me?" replied Socrates.

❶ ①紀元前5世紀の初め頃のギリシャ半島でのことである。ある人々が現れた。彼らの多くはあごひげをはやしていた。彼らと同時代の人々は、社会的地位の悩みでひどく苦しんでいたが、彼らは奇妙なことにそうした心配から自由であった。②これらの哲学者たちは、社会的な地位は慎ましいものであったが、それによってもたらされる心理的あるいは物質的結果のいずれにも悩まされてはいなかった。侮辱や反感や貧困に直面しても穏やかなままであった。③ソクラテスは、山のように金や宝石を身につけてアテネの街中を練り歩く様子を見て、「見てみなさい。私の欲さないものがいかに多くあるか。」と叫んだ。④アレキサンダー大王がコリントスを通過していくとき、彼は哲学者のディオゲネスを訪ねたが、見ると彼は、木の下に座り、ぼろを着て、自分のものとしてはお金も持っていなかった。⑤世界で最強の人アレキサンダーは、彼を助けるために何かできることはないかと尋ねた。⑥「はいあります。」とこの哲学者は答えて言った。「そこをちょっとどいて頂ければ…。日の光が遮られるので。」⑦アレキサンダーの兵士たちは恐れを成した。自分たちの指揮官のあの有名な怒りが爆発するのではないかと思った。⑧しかし、アレキサンダーは、ただ笑ってこう言っただけだった。もし自分がアレキサンダーでなかったら、間違いなくディオゲネスになりたい、と。⑨アンティステネスは、アテネの多くの人々が彼を賞賛するようになった、と伝えられた。⑩「なぜだ。」彼は答えて言う。「私はどんな誤りを犯してしまったのか？」⑪エンペドクレスも他者の知性については、同じような仕方で気にしていた。⑫かつて彼は、白昼ランプに灯をともし、あちこち歩き回りながらこう言った。「誰か知性のある者を探しているのだが。」⑬市場の中でソクラテスが侮辱されているのを目にした後で、ある通行人が彼に尋ねた。「悪態をつかれても気にならないのか？」⑭「いったいなにゆえにそうする必要があるというのか？愚かな馬に蹴られた場合に私がそれに憤慨すべきだとでも思うのか？」ソクラテスはそう答えた。

Lesson 13

❷ ① It was not that these philosophers had ceased to pay any attention to a distinction between kindness and ridicule, success and failure. ② They had merely settled on a way of responding to the darker half of the equation that owed nothing to the traditional honour code, and its suggestion that what others think of us must determine what we can think of ourselves, and that every insult, whether accurate or not, must shame us.

❸ ① Philosophy introduced a new element to the relationship with external opinion, what one might visualize as a box into which all public perceptions, whether positive or negative, would first have to be directed in order to be assessed, and then sent on to the self with renewed force if they were true, or ejected harmlessly into the atmosphere to be dispensed with a laugh or a shrug of the shoulders if they were false. ② The philosophers termed the box "reason."

❹ ① According to the rules of reason, a given conclusion is to be deemed true if, and only if, it flows from a logical sequence of thoughts founded on sound initial premises. ② Considering mathematics to be the model of good thinking, philosophers began to search for an approximation of its objective certainties in ethical life too. ③ Thanks to reason, our status could—philosophers proposed—be settled according to an intellectual conscience, rather than being abandoned to the whims and emotions of the market square. ④ And if rational examination revealed that we had been unfairly treated by the community, philosophers recommended that we be no more bothered by the judgement than we would be if we had been approached by a confused person bent on proving that two and two amounted to five.

❷ ①これらの哲学者たちは、優しさとあざけり、成功と失敗の間の区別に、もはや全く注意を払わなくたったというわけではない。②この等式の暗い側面の方に反応するというやり方に決めただけだ。この側面は伝統的な倫理規範からも、その規範が示唆することからも、全く恩恵を得ていないものだった。その規範の示唆するところとは、他人が自分のことをどう思うかが、自分を自分でどう思えるのかを必ず決定するというもの、また、正確であろうとなかろうと、全ての侮辱は必ず我々を辱めるというものである。

❸ ①哲学は、外から得られる意見との関わり方に、新たな一つの要素を導き入れた。この要素は、一つの箱として思い浮かべてもよいものだった。この箱の中には、一般の人々のあらゆる認識が、肯定的であろうと否定的であろうと、査定されるためにまず導かれなければならない。そしてそれから、その認識が正しければ、新たな力を得て自己へ向けて転送されなければならないだろう。あるいは、その認識がもし誤りであれば、害を及ぼさない形で空中に放り出されなければならず、嘲笑か無視をもって処分されることになろう。②この哲学者たちは、この箱を「理性」と名付けた。

❹ ①理性の決まりによれば、ある特定の結論が真実と考えられるとすれば、最初に理にかなった前提があって、それに基づいていくつかの考えが論理的につながり、その結果、その結論が、生じてくる場合である。しかもその場合以外ではあり得ないのだ。②哲学者たちは、数学が正しい思考のモデルであると考え、倫理的な生活においても、数学的な客観的確実性に近いところを求めるようになった。③哲学者の提案によれば、理性のおかげで我々の立場は知的良心に従ったしっかりしたものになりうる。市場の中の気まぐれや感情のままにうち捨てられることがなくなるというのだ。④さらに、合理的な吟味によって、我々がこれまで、社会から不当な扱いを受けてきたことが明らかとなったなら、哲学者の勧めるのは、そのような社会の判断にもはや煩わされないことである。2 + 2が5だと証明しようというような、おかしな人間が近づいてきても、我々が煩わされることはないだろう。それと変わらないという。

Process 4
英文読解の完成

《応用編》
読解スキルからの解法

Unit 6
指示表現の捕捉

// Lesson 14 // 指示語捕捉 136
// Lesson 15 // 指示語説明 146

Lesson 14

指示語捕捉

Step 1 — Forms of questioning and reading skills 「設問形式」と「読解スキル」

- **設問形式** 指示語捕捉
- **必要スキル** narrow contexts ：指示表現の捕捉

　練習問題に向かう前に、指示表現の補足に役立つと思われる文法的知識を整理しておきましょう。難関大学の長文問題中の指示語に関する設問では、コンテクスト把握なしに文法的知識だけで解けるものは少ないですが、指示対象を絞り込む上で役立つことも多いのです。

　まず代名詞が人間以外の事物の代わりをしている場合の基本的な規則からです。

one(s)
　a/an + 単数名詞　→　one

> ex. Use a stopwatch, if you have one (= a stopwatch).

ただし形容詞等の修飾があると a/an が必要です。
　a/an + 形容詞 + 単数名詞　→　a/an + 形容詞 + one

> ex. I've lost my stopwatch, so I have to get a new one (= a new stopwatch).

複数形の名詞の代わりで前後に修飾語句があれば ones となります。

> ex. "Do you have digital stopwatches?" "No, we only have analogue ones (= analogue stopwatches)."

次に、a/an + 単数名詞の代わりをするのが one だとしたら the + 名詞の代わりをするのは何かを押さえましょう。

the（所有格など限定する修飾）+ 単数名詞　→　it（that / the one）

> ex. "Where is my (the) watch?" "I saw it (= the watch) on the table."

ただし、もとの名詞が後ろから修飾されている時は、it ではなく that（加算名詞なら the one も可）となりますね。

> ex. The population of Tokyo is larger than that (= the population) of New York.

同じように複数名詞の場合を確認します。
the（所有格など限定する修飾）+ 複数名詞　→　they（those / the ones）

> ex. "Where are my (the) glasses?" "I saw them (= the glasses) on the table."
> ex. The most successful internet sites are those (= the sites) which connect with people—SNS.

代名詞の用法は実に多様です。上に確認したのはごく一部にすぎません。文法の解説書等でさらに確認することを勧めます。

Lesson 14

Step 2　　Answering exam questions
　　　　　　入試形式の問題を解く

次の英文を読み、下記の問いに答えよ。

❶ Some people say that morality is a private matter. It is unclear how this could ever be true. Morality, almost by definition, concerns how we treat each other. Moreover, we identify what someone's morality is by what they say and by what they do. By what they say, people tell us what they value—which things matter to them and which things do not. By what they do, people show us what they value. In cases where a person's words conflict with their actions most people would regard the actions as the surer guide. But (1) neither is private. It is therefore difficult to imagine what a "private morality" would look like in practice.

❷ If someone with a "private morality" saw a defenseless person being attacked in the street, would it be "right" for her to intervene if she disapproved? Intervention would obviously involve others, and so would not be a private act. She might do nothing more than voice her disapproval: "Hey, leave him alone!" But this would still not be a purely private act. Even if she walked on by, silently thinking "That is wrong." she would still be passing a judgment on another person who is "out there" in the public world. Perhaps those who say that morality is a private matter just mean that each of us should pass judgment only on our own actions and come up with rules for ourselves alone, such as "I must intervene if I see a defenseless person being attacked". But why impose these restrictions? Where do they come from? Why do they only apply to me? Surely they apply to me because (2) they would apply to anyone else in the same situation as me. But if this point is conceded, it again becomes hard to see how morality could be essentially private.

❸ The view that morality is a private matter perhaps rests on the idea that morality is like a taste in some way. Almost everyone accepts that taste is a personal thing. If I like cheese and you do not there is no point in my telling you that you are wrong and that you ought to like cheese. And just as there is no sense in arguing about taste, the argument goes, there is no sense in arguing about morality. Background assumptions like (3) this one—often unspoken but nevertheless influencing our opinions—are called presuppositions. A large part of philosophy is about uncovering presuppositions, bringing them into the light in order to examine them to see what they are worth. If the above objections to the "morality is private" view have any force—and I think they do—this should make us suspicious of the underlying presuppositions concerning the nature of moral judgments. They may not be like judgments of taste at all.

1 下線部（1）の "neither" の指示する内容として最も適切なものを次から選び、記号で答えよ。

① neither the actions nor the surer guide
② neither what they do nor what they value
③ neither what they say nor what they value
④ neither what they say nor what they do
⑤ neither how we treat each other nor what someone's morality is

2 下線部（2）の "they" の指示する内容として最も適切なものを次から選び、記号で答えよ。

① others
② those who say that morality is a private matter
③ our own actions
④ ourselves
⑤ these restrictions

3 下線部（3）の "this one" の指示する内容として最も適切なものを次から選び、記号で答えよ。

① morality is a private matter
② morality is like a taste
③ taste is a personal thing
④ I like cheese
⑤ there is no sense in arguing about morality

Lesson 14

Step 3　　　Solutions
読解スキルからの解法

正解

1 ④　**2** ⑤　**3** ②

解答・解説

1

正解　④

解説　このパラグラフで議論されているのは、道徳が「私的（private）」な事柄かどうかである。そしてその道徳性の確認は、what they say（言うこと）と what they do（すること）で確認されるという。著者は、そもそも道徳が私的事柄でないことを証明するために、このいずれもが私的でないことを指摘している。

2

正解　⑤

解説　上で確認したように they は「すでに文脈から限定されている複数名詞」の代わりをする。一方、この they は人に「当てはまる（apply to）」ものである。「当てはまる」のは人を「規制したりコントロールしたりするルール（restrictions）」ということになる。

3

正解　②

解説　まず直接的には、この this one が this assumption の代わりをしていることは見て取れるであろう。この assumption（仮定）は、直後では presupposition（前提）とも言い換えられている。さてこのパラグラフの前半に紹介されている主張の論理構造を整理してみよう。

1：Morality is like a taste.（道徳は味覚に似ている）
2：Taste is a personal thing, so there is no sense in arguing about taste.（味覚は個人的な事柄であるから、味覚について議論しても意味がない）
3：There is no sense in arguing about morality.（道徳性について議論しても

意味がない)

　この論理的判断で「前提(assumption, presupposition)」となっているのが何かははっきりしている。

Lesson 14

Step 4 — Japanese translations
英文と和訳の確認

CD 24 〜 25

❶ ① Some people say that morality is a private matter. ② It is unclear how this could ever be true. ③ Morality, almost by definition, concerns how we treat each other. ④ Moreover, we identify what someone's morality is by what they say and by what they do. ⑤ By what they say, people tell us what they value—which things matter to them and which things do not. ⑥ By what they do, people show us what they value. ⑦ In cases where a person's words conflict with their actions most people would regard the actions as the surer guide. ⑧ But neither is private. ⑨ It is therefore difficult to imagine what a "private morality" would look like in practice.

❷ ① If someone with a "private morality" saw a defenseless person being attacked in the street, would it be "right" for her to intervene if she disapproved? ② Intervention would obviously involve others, and so would not be a private act. ③ She might do nothing more than voice her disapproval: "Hey, leave him alone!" ④ But this would still not be a purely private act. ⑤ Even if she walked on by, silently thinking "That is wrong." she would still be passing a judgment on another person who is "out there" in the public world. ⑥ Perhaps those who say that morality is a private matter just mean that each of us should pass judgment only on our own actions and come up with rules for ourselves alone, such as "I must intervene if I see a defenseless person being attacked". ⑦ But why impose these restrictions? ⑧ Where do they come from? ⑨ Why do they only apply to me? ⑩ Surely they apply to me because they would apply to anyone else in the same situation as me. ⑪ But if this point is conceded, it again becomes hard to see how morality could be essentially private.

❶ ①道徳は、私的事柄だという人々がいる。②どのようにしてこれが真実になどなり得るのかはっきりしない。③道徳は、ほとんど定義からして、我々がお互いをどう扱うかに関係している。④さらに、我々が人の道徳性を確認するのは、その人が何を言い何をするかによってである。⑤何を言うかによって、人は何に価値を置くかを我々に告げる。つまり、どれが自分にとって大事であり、どれが大事でないのかをである。⑥何をするのかによって、人は何に価値を置くかを我々に示す。⑦ある人の発言がその行動と矛盾するような場合、たいていの人はその行動の方をより確かな指標だと見なすだろう。⑧しかし、いずれも私的なものではない。⑨それ故、実際に「私的道徳」がどのようなものと見えるのか、想像することが難しい。

❷ ①もし「私的道徳」を有する誰かが、無防備な人が街中で襲われるのを目にするとして、その人がよくないことだと思ったら干渉することは「正しい」ということになるのだろうか？②干渉は明らかに他者と関わるものである。だから、私的行為ではないだろう。③その人は非難を口にするだけかもしれない。すなわち「ほら、その人に手出しをしないで！」と。④しかし、それでもこのことは純粋に私的行為だとはならないだろう。⑤仮にその人が、声に出さずに「良くないことだ」と思いつつそのまま歩いて通り過ぎたとしても、それでもその人は、世の中の「外」にいる他者について判断していることになる。⑥たぶん、道徳が私的事柄だという人々は、ただこう言いたいのだ。我々１人１人が自分自身の行為について判断するべきであり、自分自身だけに当てはまるルールを考え出すべきである、と。たとえば「私は、無防備な人が襲われているのを見たら干渉しなければならない。」⑦しかしなぜこうした規則を押しつけるのだろうか？⑧その規則はどこから来るのだろうか？⑨それはどうして私だけに当てはまるのか？⑩明らかに、それが私に当てはまるのは、私と同じ状況にいる他の誰かに当てはまるものだろうからである。⑪しかし、もしこれが容認されるなら、ここでもまた、どうすれば道徳が本質的に私的なものだと分かるのか難しくなってくる。

Lesson 14

❸ ① The view that morality is a private matter perhaps rests on the idea that morality is like a taste in some way. ② Almost everyone accepts that taste is a personal thing. ③ If I like cheese and you do not there is no point in my telling you that you are wrong and that you ought to like cheese. ④ And just as there is no sense in arguing about taste, the argument goes, there is no sense in arguing about morality. ⑤ Background assumptions like this one—often unspoken but nevertheless influencing our opinions—are called presuppositions. ⑥ A large part of philosophy is about uncovering presuppositions, bringing them into the light in order to examine them to see what they are worth. ⑦ If the above objections to the "morality is private" view have any force—and I think they do—this should make us suspicious of the underlying presuppositions concerning the nature of moral judgments. ⑧ They may not be like judgments of taste at all.

❸ ①道徳が私的事柄だという見解は、たぶん、道徳はある意味で味覚に似ているという考えに基づいている。②味覚が私的なものだということは、ほとんど誰もが認めるものだ。③私がチーズが好きであなたが好きでないという場合に、あなたは間違っている、だからチーズを好むべきである、と言ったところで意味がない。④そして、味覚についての議論に意味がないとの同じように、道徳についての議論にも意味がない、とこう主張されることになる。⑤これと同じように、背景に留まる仮定―口にされないことが多いがそれでも我々の意見に影響する―は前提と呼ばれる。⑥哲学の大部分は、前提を暴露することに関わっている。つまり、吟味しどんな価値があるのかを確かめることを目的として、それらを明るみに出すことである。⑦もし、「道徳は私的である」という見解に対する上の異論に何らかの力があるとすれば―私はあると思っている―それによって我々は、道徳的判断の本性に関わる隠された前提に疑いを持つことになるはずだ。⑧道徳的判断は、味覚の判断といささかも似てはいないだろう。

Lesson 15

指示語説明

Step 1 — Forms of questioning and reading skills 「設問形式」と「読解スキル」

- **設問形式**　指示語説明
- **必要スキル**　wider contexts　　:指示表現の捕捉

　さて、今度は「指示語説明」問題に挑戦することにしましょう。「指示語捕捉」問題との明確な区別はありませんが、一つの違いは、後者が特定の具体的な語句を抽出することで解答するものであるのに対し、前者は、指示されている内容を自分のことばで表現する必要があるということです。従って、(これが第二の違いですが)「指示語説明」問題は、より広い範囲の文脈 wider contexts の把握を必要とする場合が多いということです。

　指示対象が特定の語句ではなく内容である場合、重要なのは、その指示されている内容が含まれる範囲を特定することです。この範囲は、問われている指示表現の直前や直後といった近くにあるとも限りませんし、またその範囲も長めのフレーズ程度から複数のパラグラフに至るまで様々です。さらに、その箇所が1箇所ではなく、複数箇所に分散している可能性もあります。いずれにしても、この解答の根拠となる箇所が特定できないことはまずありません。(まれな、そして非常に難解なケースとして、直接書かれていない、暗に言われているだけの「何か」が指示内容であることもあり得ますが、その場合でさえ、ヒントとなる表現はあるはずです。)

　通常は文法的アプローチでは歯が立たないものですが、it、this、that が特定の事物ではなく「内容」を指示する場合、次のようなことを知っておくことは有効だと思われます。

it：
物や動物を指すだけでなく、先行する文(複数の文のこともある)の内容や、読

者にとって既知と思われる内容を指す。this や that に比べるともっとも軽く、強意的なニュアンスはない。

this：
it と比べれば、興味深い事柄に焦点を当てる意味で強意的である。that との比較で言えば、物理的・心理的に「より近い」ものに焦点を当てる。たとえば、this と that が並んで出てくるような場合に、that は「前者」(= the former)、this は「後者」(= the latter) の意であったりする。この「近さ」は時間的なことにおいてもありうる。that やその複数形の those と違って、this (these) は、直後の内容 (「以下」等と訳すことも多い) を指すこともある。新しい話題を導入したり、著者自身の観察・意見を述べる際によく使う。

that：
this に比べると、物理的・心理的に「より遠い」ものに焦点を当てる。「自分から遠い」というニュアンスから、「私のものではない他者の観察・意見」を暗示する場合もある。

Lesson 15

Step 2 — Answering exam questions
入試形式の問題を解く

次の英文を読んで、設問に答えなさい。

❶ In Fukuzawa Yukichi's autobiography, there is a very interesting story that helps us understand what the concept of competition meant somewhat prior to the Meiji Restoration. Fukuzawa mentioned a Western book on economics to a *bakufu* official, who expressed interest and requested a translation of the outline. When Fukuzawa presented him with one, however, he immediately raised his eyebrows on seeing Fukuzawa's selection of Chinese characters to represent the fundamental economic concept of competition. Fukuzawa had used the word *kyōsō*, one of the component characters of which is *arasoi*, meaning "fight". The official found this character disturbing and objected to it. Fukuzawa tried to explain why he had selected the word, but after long discussion the official refused to accept his arguments, forcing Fukuzawa to abandon this translation.

❷ (1) This story reveals that the concept of competition was not clearly defined before the Restoration. The original meaning of *arasoi* was the same as that conveyed by *tōsō*, that is, fighting, and it was not easy to make a clear distinction between *tōsō* and *kyōsō*. Now, of course, we recognize at least two fundamental differences between these concepts. While fighting (*tōsō*) is aimed at achieving complete domination over (or even total elimination of) the opponent, the purpose of competition (*kyōsō*) is simply to demonstrate superiority over the opponent in a particular skill area. Secondly, there are no restrictions in fighting, while competition is guided by established rules. But in the context of Edo Period Japan, such distinctions were blurred. When two samurai met on the battlefield, they fought to the death, but when they met in the *kendō* martial arts hall, they were forced into the uncomfortable position of demonstrating to onlookers their relative swordsmanship.

❸ In the feudal class system, the responsibilities and privileges of samurai were fixed according to their rank, with no room for mobility. Competition was unwelcome because it could lead to results that challenged the fixed order.

During this period the samurai sometimes took part in martial arts contests before their lords, but those who lost were often dissatisfied and afterwards challenged their opponents to a private rematch with no restrictions. It was difficult for the samurai to accept friendly competition because they could not draw a distinction between competition and true combat. (2) <u>This explains why the *bakufu* official was unwilling to approve Fukuzawa's use of *kyōsō*.</u>

1. 下線部（1）の This story の具体的な内容を、句読点を含めて 100 字以内の日本語で書きなさい。

2. 下線部（2）を This の内容を明確にしながら日本語に訳しなさい。

Lesson 15

Step 3　Solutions
読解スキルからの解法

正解

1

幕府のある役人は、経済学に関する西洋のある書物の翻訳を福沢諭吉に要請した。福沢は、'競争' という語を使用していた。この役人は、その漢字を不穏な感じのものだと思い、異議を唱えて、この翻訳を破棄させた。(99字)

2

侍は、競争と本当の戦闘の間の区別を立てることができなかった。そうした理由から、例の'幕府'の役人は、福沢による'競争'の使用を、認めたがらなかったのだ。

解説

1

解説　パラグラフ冒頭の指示表現は、特に重要である可能性が高い。それは、パラグラフ間の内容関連という意味で wider context に関わっていることが多いからだ。ここでの This story も、そうした指示表現であると言える。第1パラグラフの内容とこの第2パラグラフの内容の「つなぎめ」となっている。

　さて、This story は、第1パラグラフ冒頭の a very interesting story のことである。従って、その指している内容の範囲は、第1パラグラフのほぼ全体に及んでいる。「100字以内」という指定に合わせて、何を抽出したらよいのであろうか。著者自身が、この story から何を引き出そうとしているのかを二箇所にわたって示してくれている。一つは、第1パラグラフの a very interesting story の後に続けて that helps us understand what the concept of competition meant somewhat prior to the Meiji Restoration（明治維新にいくらか先立つ頃、競争という概念が何を意味していたか理解するのに役立つ）と言っているところ。もう一つは、第2パラグラフの This story に続けて the concept of competition was not clearly defined before the Restoration（維新前、競争の概念ははっきりと定義されていなかった）と言っているところである。この二箇所から察するに、This story を

引用している目的は、「明治維新前に競争の概念の定義がはっきりしていなかったことを示すこと」だと判明する。設問は、「This story の具体的な内容」を求めているので、この「目的」が求められているわけではない。この「目的」に適う story の具体的内容を書く必要がある。

2

解説 日本語訳の問題でもあるが、ポイントは、「This の内容を明確に」することである。

さて、explain といえば「説明する」という訳語が浮かびそうであるが、気をつけたいことがある。日本語では、人間やその集団以外のもの、つまり物事が主語になって「説明する」とは基本的に言わない。英語では無生物主語が、explain や account for の主語になることが十分に自然である。例えば、「不注意な運転は、あの事故を説明したようである。」は不自然だが、Careless driving seems to have accounted for the accident. は、自然である。後者は、「不注意運転があの事故の原因だったようだ」と訳すとよいだろう。つまり、A（無生物）explain (account for) ... となっているとき、A は、「原因」とか「理由」を意味する。

従って、該当のセンテンスでの This は、why 以下の原因を意味している。why 以下は、the *bakufu* official was unwilling to approve Fukuzawa's use of *kyōsō*（例の'幕府'の役人は、福沢による'競争'の使用を、認めたがらなかった）である。この「直接の」理由は、第1パラグラフにあったように、disturbing（不穏な感じがする）ということである。しかし、この結末部分では、第2、第3パラグラフで述べられてきた明治維新前の日本の社会状況とその言語使用への反映が、第1パラグラフに示された、この「幕府の役人による『競争』という語の使用拒否」という具体的エピソードに結びつけられている。上に「明治維新前の日本の社会状況とその言語使用への反映」と表現したが、その内容を端的に示すフレーズが直前にあった。they (= the samurai) could not draw a distinction between competition and true combat（彼らは、競争と本当の戦闘の間の区別を立てることができなかった）というのがそれにあたる。

Lesson 15

Step 4 — Japanese translations / 英文と和訳の確認

❶ ①In Fukuzawa Yukichi's autobiography, there is a very interesting story that helps us understand what the concept of competition meant somewhat prior to the Meiji Restoration. ② Fukuzawa mentioned a Western book on economics to a *bakufu* official, who expressed interest and requested a translation of the outline. ③ When Fukuzawa presented him with one, however, he immediately raised his eyebrows on seeing Fukuzawa's selection of Chinese characters to represent the fundamental economic concept of competition. ④ Fukuzawa had used the word *kyōsō*, one of the component characters of which is *arasoi*, meaning "fight". ⑤ The official found this character disturbing and objected to it. ⑥ Fukuzawa tried to explain why he had selected the word, but after long discussion the official refused to accept his arguments, forcing Fukuzawa to abandon this translation.

❶ ①福沢諭吉の自叙伝の中に、とても興味深い話がある。これを読むと、明治維新にいくらか先立つ頃、競争という概念が何を意味していたか理解するのに役立つ。②福沢は、'幕府'のある役人に経済学に関する西洋のある書物の話をした。彼は関心を示し、その書物の概要の翻訳を要請した。③ところが、福沢が翻訳したものを提出したところ、その役人は即座に目をむいた。それは、競争という基本的な経済の概念を表すのに福沢が選んだ漢字を目にしてすぐのことだった。④福沢は、'競争'という語を使用していたのだが、この語の漢字の組み合わせの一つに'争'があり、その意味は「闘う」である。⑤この役人は、その漢字を不穏な感じのものだと思い、異議を唱えた。⑥福沢は、なぜこの語を選んだのかを説明しようとしたが、長いこと話し合った末にこの役人は彼の主張を認めることを拒み、福沢にこの翻訳を破棄させたのである。

Lesson 15

Lesson 15

❷ ① This story reveals that the concept of competition was not clearly defined before the Restoration. ② The original meaning of *arasoi* was the same as that conveyed by *tōsō*, that is, fighting, and it was not easy to make a clear distinction between *tōsō* and *kyōsō*. ③ Now, of course, we recognize at least two fundamental differences between these concepts. ④ While fighting (*tōsō*) is aimed at achieving complete domination over (or even total elimination of) the opponent, the purpose of competition (*kyōsō*) is simply to demonstrate superiority over the opponent in a particular skill area. ⑤ Secondly, there are no restrictions in fighting, while competition is guided by established rules. ⑥ But in the context of Edo Period Japan, such distinctions were blurred. ⑦ When two samurai met on the battlefield, they fought to the death, but when they met in the *kendō* martial arts hall, they were forced into the uncomfortable position of demonstrating to onlookers their relative swordsmanship.

❸ ① In the feudal class system, the responsibilities and privileges of samurai were fixed according to their rank, with no room for mobility. ② Competition was unwelcome because it could lead to results that challenged the fixed order. ③ During this period the samurai sometimes took part in martial arts contests before their lords, but those who lost were often dissatisfied and afterwards challenged their opponents to a private rematch with no restrictions. ④ It was difficult for the samurai to accept friendly competition because they could not draw a distinction between competition and true combat. ⑤ This explains why the *bakufu* official was unwilling to approve Fukuzawa's use of *kyōsō*.

❷ ①この話で明らかになったのは、維新前、競争の概念ははっきりと定義されていなかったということである。②'争い'の元々の意味は、'闘争'、つまり闘いが伝えるものと同じであり、'闘争'と'競争'の間の明確な区別が容易ではなかった。③もちろん、今の我々の認識では、これらの概念の間に、少なくとも二つのことが基本的な差異としてあることは分かっている。④闘い('闘争')においては、相手に対して完全な支配（あるいは全滅さえ）に到達することが目指されている。一方、競争の目的は、単に、特定の技能に関する領域で、相手より優れていることを証明することである。⑤第二に、闘いに何の制約もないが、競争はしっかりしたルールによって導かれるものである。⑥ところが、江戸時代の日本の状況では、こうした区別は曖昧だった。⑦二人の侍が戦場で対面するとき、二人は死ぬまで闘う。しかし、'剣道'の道場で対面するとき、比較してどちらが剣術に優れているのかを見ている者に証明するという、居心地の悪い立場に追いやられる。

❸ ①封建的な階級制度に中では、侍の責任や権利がその位によって固定されており、変わりうる余地などなかった。②競争は歓迎されはしなかった。なぜなら、競争によってもたらされうる結果は、この固定した秩序に挑戦するものだったからである。③この時期の間、侍たちは、主人の前で、武術の競技会に参加することはあった。しかし敗北者は不満を抱くことが多く、後で相手に挑むのであった。それは、無制限の私的再試合となった。④好意的な競争を侍が認めることは困難であった。なぜなら、彼らは、競争と本当の戦闘の間の区別を立てることができなかったからである。⑤このことが理由となって、例の'幕府'の役人は、福沢による'競争'の使用を、認めたがらなかったのだ。

Process 4
英文読解の完成

《応用編》
読解スキルからの解法

Unit 7
文脈の標識の把握

Lesson 16	センテンス整序	158
Lesson 17	適文空所補充	168
Lesson 18	パラグラフ整序	186

Lesson 16

センテンス整序

Step 1 Forms of questioning and reading skills
「設問形式」と「読解スキル」

- ●設問形式　センテンス整序
- ●必要スキル　narrow contexts　　　　　：指示表現の捕捉
　　　　　　　narrow/wider contexts ：文脈の標識の捕捉　重要!

　この設問形式は、上記2つのスキルの応用によって、ほとんどが確実に正解を得られます。早速練習問題に取り組んでみましょう。今回は2題あります。

Step 2

Answering exam questions
入試形式の問題を解く

1

Rearrange the following sentences to put the whole paragraph in the right order.

A. For example, as the students expected, the amount of greenhouse gases produced by someone like Bill Gates was over 10,000 times that of the world per person average, but even a Buddhist monk who lived in the forest for half of every year produced 10.5 tons of carbon dioxide per year.

B. It is not surprising that people with a higher standard of living tend to use more resources and require more energy, and people in the US produce significantly more greenhouse gases per person than people in the rest of the world.

C. The exact numbers, however, and the reasons behind them, are surprising.

D. The students' research concluded the average amount of greenhouse gases produced per person globally is just 4 tons, but regardless of an individual's personal efforts to reduce his greenhouse gas production, the effect of shared services from roadways, and other public resources increased overall numbers in the US, creating a level of greenhouse gas production that is impossible to avoid.

E. To find these exact numbers, a group of university students looked at the amount of greenhouse gases produced by people in the US with different lifestyles: Buddhist monks, rich and famous people, and homeless people.

Lesson 16

2

Paragraph A below consists of four sentences (1) – (4), which are not in the correct order. Rearrange the sentences and choose the correct order from a – d.

[A]
(1) Environmental agencies implemented plans to reduce emissions, and these were somewhat successful: Between 1980 and 1999, sulfur dioxide (SO2) emissions decreased by roughly 40 percent in the United States and approximately 65 percent in Europe.
(2) Most of this acidity was produced in the industrialized nations of the Northern Hemisphere—the United States, Canada, Japan, and most of the countries of Eastern and Western Europe.
(3) Despite these efforts, however, massive damage was done to ecosystems around the world.
(4) During the course of the 20th century, acid rain came to be recognized as a leading threat to the stability and quality of the Earth's environment.

a. (1) (4) (3) (2) b. (4) (3) (2) (1)
c. (4) (2) (1) (3) d. (1) (2) (3) (4)

Step 3

Solutions
読解スキルからの解法

1

「指示表現」と「文脈の標識」のヒント

まず、並べ替えるセンテンスに含まれている「指示表現」と「文脈の標識」のヒントを一通り確認しておきましょう。

A. **For example / the students**
　For example は具体例を導入する言葉なので、この前には、the amount of greenhouse gases produced by someone like Bill Gates（ビル・ゲーツのような人の出している温室効果ガスの量）が例として役に立つ「一般論」があるはずだ。さらに、the students には、the という指示力を持った冠詞がついている。このセンテンスより前に、「この学生たち」の話があるはずだ。

B. このセンテンスには特に手がかりがない。

C. **The exact numbers / them / however**
　The exact numbers に定冠詞 the がついている。これは一種の「指示表現」なので、「何に関する」数なのかを押さえる必要がある。そして、この them も、The exact numbers を指していると思われることから、この後には the reasons behind them（この数字の背後にある理由）が述べられると予想できる。さらに however に注目しなければならない。surprising（驚くべき）ことに「しかしながら」と断っている以上、この however と対立する「驚くべきことではないこと」があったはずだ。

D. **The students' research**
　これもまた、The students と特定されている「学生たち」についての言及が直前にあることを意味している。

E. **these exact numbers**
　「これらの正確な数字」の these が指示している対象を推定しよう。

Lesson 16

Lesson 16

正解

B → C → E → A → D

解説

B 以外は全て「直前に何かが言われていること」を、「文脈の標識」あるいは「指示表現」が示している。そこで、最初に来るのがBであることが判明する。次に、このBで It is not surprising that...（驚くべきでないこと）が言われているが、これと対立するのが、C の「驚くべきこと」である。C の however の存在から、B → C だと分かる。今度は、C の the exact numbers に注意すると、それが、E の these exact numbers の指示対象だと察しがつく。B → C → E とつながる。そして、E の rich and famous people の例が、A の Bill Gates であろう。E → A である。最後に、E の a group of university students を指して、A と D の the students に定冠詞 the がついていたこともはっきりした。B → C → E → A → D が完成する。

2

「指示表現」と「文脈の標識」のヒント

上記の問題と同様、並べ替えるセンテンスの「指示表現」と「文脈の標識」のヒントを確認しましょう。

(1) 特にヒントとなる表現がない。

(2) **this acidity**

指示形容詞 this に着目する。この前には、acidity（酸性）と大いに関係する話がなくてはならない。

(3) **however / these efforts**

these efforts の指示する内容を推定する。さらに、however の結ぶ対立的な内容が前にある。そしてその「努力」にもかかわらず massive damage was done to ecosystems around the world（世界中の生態系に大規模な被害を与えた）と

あるので、この努力はおそらく「生態系への被害を小さくする努力」だろう。
(4) 特にヒントなる表現がない。

正解

c.

解説

　まず、(2) の this acidity の指示対象を探ると、(4) の acid rain が浮上する。(4) → (2) の可能性が高い。(3) の these efforts はどのような「努力」であろうか。(1) の plans to reduce emissions であると予想できる。(1) → (3) となりそうである。ところで、内容的に、(4) → (2) は、言わば「酸性雨の危機意識と原因」についての話、(1) → (3) は、「削減計画の実行とその後の状況」である。順序として (4) → (2) → (1) → (3) が自然である。

Lesson 16

Step 4 — Japanese translations
英文と和訳の確認

1

CD 30

❶ ① It is not surprising that people with a higher standard of living tend to use more resources and require more energy, and people in the US produce significantly more greenhouse gases per person than people in the rest of the world. ② The exact numbers, however, and the reasons behind them, are surprising. ③ To find these exact numbers, a group of university students looked at the amount of greenhouse gases produced by people in the US with different lifestyles: Buddhist monks, rich and famous people, and homeless people. ④ For example, as the students expected, the amount of greenhouse gases produced by someone like Bill Gates was over 10,000 times that of the world per person average, but even a Buddhist monk who lived in the forest for half of every year produced 10.5 tons of carbon dioxide per year. ⑤ The students' research concluded the average amount of greenhouse gases produced per person globally is just 4 tons, but regardless of an individual's personal efforts to reduce his greenhouse gas production, the effect of shared services from roadways, and other public resources increased overall numbers in the US, creating a level of greenhouse gas production that is impossible to avoid.

❶ ①生活水準が高い人の方が、より多くの資源を使いより多くのエネルギーを必要とする傾向にある。だからアメリカ合衆国の人々は、世界のその他の場所の人々よりも、1人あたりの温室効果ガスの排出量がかなり多いのである。これは驚くにはあたらない。②しかし、これに関する正確な数字とその背後にある理由は驚くべきものである。③これらの正確な数字を見いだすため、ある大学生のグループが、アメリカ合衆国にいる様々なライフスタイルの人々によって、どれくらいの量の温室効果ガスが作り出されているのかを調べてみた。仏教の僧侶と裕福で有名な人々とホームレスの人々である。④これは学生たちの予想通りだった。たとえば、ビル・ゲーツのような人の出している温室効果ガスの量は、世界の1人あたりの平均のものに比べて1万倍を超えていた。しかし、森の中に半年は暮らす仏僧でも、年に10.5トンの二酸化炭素を作り出していた。⑤この学生たちの研究の出した結論は、世界の1人あたりの温室効果ガスの平均排出量は、4トンにすぎないというものだった。しかし、個人の温室効果ガスの排出削減の努力を考えないとすると、鉄道その他の公共資源の共有されるサービスのもたらす効果が、アメリカ合衆国の総数量を増やしており、ここで生み出されるレベルの温室効果ガスは、避けがたいものである。

Lesson 16

2

❶ ① During the course of the 20th century, acid rain came to be recognized as a leading threat to the stability and quality of the Earth's environment. ② Most of this acidity was produced in the industrialized nations of the Northern Hemisphere—the United States, Canada, Japan, and most of the countries of Eastern and Western Europe. ③ Environmental agencies implemented plans to reduce emissions, and these were somewhat successful: Between 1980 and 1999, sulfur dioxide (SO2) emissions decreased by roughly 40 percent in the United States and approximately 65 percent in Europe. ④ Despite these efforts, however, massive damage was done to ecosystems around the world.

❶ ①20世紀が進んでいくなかで、地球環境の安定性と質を脅かす主要なものとして、酸性雨が認識されるようになっていった。②こうした酸性化の産出のほとんどは、北半球の工業国で行われた。アメリカ合衆国、カナダ、日本、そしてたいていの東西ヨーロッパの国々である。③環境局は放出物の削減のため計画を実行した。そしてこれらの計画はいくぶんかの成功を収めた。1980年〜1999年までの間、二酸化硫黄の放出量は、アメリカ合衆国で約40％、ヨーロッパでおよそ65％下がった。④しかし、こうした努力にもかかわらず、世界中の生態系に大規模な被害を与えた。

Lesson 17

適文空所補充

Step 1　Forms of questioning and reading skills 「設問形式」と「読解スキル」

- **設問形式**　適文空所補充
- **必要スキル**　narrow contexts　　　：センテンスの構造把握
　　　　　　　　　　　　　　　　　　　　指示表現の捕捉
　　　　　　　　narrow/wider contexts：文脈の標識の捕捉　**重要!**

「適文空所補充」というのは、いわゆる「長文空所補充」問題のうち、補充すべきものが、一つの単語や数語からなるフレーズを越えて、節や文の長さを持つものです。短い語句を入れる「適語空所補充」と本質的に解き方の違いはありませんが、ここで扱う「適文空所補充」の方は、次の3点が重要な要素となっていることが多いです。

(1)「適語空所補充」でも選択肢の「品詞」識別など「文法的観点」が必要になることがありましたが、「適文空所補充」では、該当する箇所の前後との文構造的つながりを把握することが必要なことがある。

(2)「適語空所補充」の設問に比べると、前後1センテンスといった narrow context を越えて、wider context の中で判断しなくてはならないこともある。

(3) (2) の理由から「文脈の標識の捕捉」が重要なカギとなる場合がある。

Step 2　Answering exam questions
入試形式の問題を解く

次の文章を読んで、下の設問に答えなさい。

The following are some techniques for improving your writing style, and for assessing how well your efforts are succeeding. Not all these strategies will work for everyone, but many writers find them helpful.

READ YOUR TEXT ALOUD TO YOURSELF
This strategy may be particularly helpful if your writing is intended for oral presentation, but can be useful for other genres as well. Hearing your own words, as opposed to looking at them, may provide you with a very different impression of them and expose weaknesses such as pretentious-sounding terms, wooden dialogue or rambling sentence structures.

ALWAYS LOOK OVER A PRINTOUT
If you're writing on a word processor (which is becoming the norm these days), don't do all your revisions online and then print off a final copy without looking it over. (1)_____. The effects can range from suddenly noticing a typo you'd been staring at all along without seeing it, to sensing that your tone is coming through as too brusque, too hesitant, too formal, too casual—in sum, (2)_____. Just why such nuances should emerge more clearly on a hard copy is not clear, nor is this effect universal, but many writers experience it.

FOCUS ON THE WHOLE AS WELL AS THE PARTS
Any time you add or revise an element, reread what surrounds it to ensure that everything still fits. (3)_____. Naturally you must focus on each line as you create it, but as soon as you have the first draft in place, back up a few lines and read through the earlier text again. You will frequently find that the latest addition doesn't fit in quite as it should—perhaps it restates a point already made, or doesn't make a smooth enough transition from what came

before. As you form each new sentence, keep going back and rereading it from the start to ensure that all its elements mesh together. As you form each new paragraph, keep rereading it from its first line to see how its sentences fit together: (4) _____.

PUT YOUR WORK ASIDE FOR A WHILE AND THEN COME BACK TO IT

You may feel you have polished your arguments into their final form, only to find that when you look at them a little later, problems jump out at you: illogical connections, clumsy sentence structures, a strained-sounding tone, subtle grammatical errors. (5) _____. A day or more away is ideal, but even a few hours can make a difference.

HAVE SOMEONE ELSE LOOK YOUR WORK OVER

Any writer—no matter how skilled—can benefit from getting a second opinion, (6) _____. Given that your writing is ultimately intended for other people's consumption, it only makes sense to find out how other people perceive it. The individual whose opinion you seek need not be a better writer than you: The goal is not to have this person correct or revise what you have done. (7) _____. If your critic doesn't get your jokes, or finds a character you meant to be funny and sympathetic merely irritating, or can't follow some instruction because you left out a step you thought would be perfectly obvious to anybody—take all this seriously (and do your best to remain on speaking terms afterward). A professional editor is ideal, but if this is not practical or affordable, try to select someone whose opinion you respect and who represents your intended readership as nearly as possible.

And finally, draft, draft, draft. Write and rewrite. And then rewrite again. (8) _____. No professional writer expects to get away without revision; the only question is, how much will be necessary. The act of writing, after all, does not involve simply transcribing ideas inside your head into words on paper: It involves developing and articulating those ideas in the first place. As you write, you can expect to shift your priorities; to change your mind about what information goes with what; to choose a different tack in order to drive some point home. Resist the temptation to hang onto passages that you labored long and lovingly over, if they no longer fit.

下線部の空所（1）～（8）にあてはまるものを下の①～⑨の中から1つずつ選んで、その記号を書きなさい。ただし、文頭に来るものも全て小文字にしてあります。

① the sense of concentration and excitement is conveyed in a completely intangible way

② often, a change in one place will necessitate a change in another

③ because by definition one is always too close to one's own work

④ it's hard to explain why, but words often present themselves differently when viewed on a page rather than a screen

⑤ this strategy is not an option or a suggestion, but a basic part of the writing process

⑥ a lapse of time enables you to come back to your work with a more objective eye

⑦ rather, it is to provide you with feedback on how your points and your tone are coming across

⑧ you may at this point pick up more clearly on certain intangible aspects of your writing that you can make a critical difference to its readability or credibility

⑨ perhaps the topic shifts enough that the paragraph should be broken up, or perhaps a particular word is repeated too many times within a short space

Lesson 17

Step 3 — Solutions
読解スキルからの解法

選択肢訳

① the sense of concentration and excitement is conveyed in a completely intangible way
（集中とか興奮とかの感覚は、全く実体のない仕方で伝えられる）

② often, a change in one place will necessitate a change in another
（よくあることだが、1箇所で変えると別の箇所でも変えざるを得なくなるものだ）

③ because by definition one is always too close to one's own work
（定義からして人は自分自身の仕事には近すぎるというのが常だからである）

④ it's hard to explain why, but words often present themselves differently when viewed on a page rather than a screen
（どうしてか説明するのは難しいが、スクリーン上で見るより紙のページ上で見る方が、ことばが違った現れ方をすることが多い）

⑤ this strategy is not an option or a suggestion, but a basic part of the writing process
（この戦略は選択肢とかお勧めの一つということではない。書くプロセスの中で基本的な部分である）

⑥ a lapse of time enables you to come back to your work with a more objective eye
（時間が経過することで、より客観的なまなざしを持って自分の作品に戻ってくることができる）

⑦ rather, it is to provide you with feedback on how your points and your tone are coming across
（むしろ、それは、あなたの主張や論調がどんなふうに伝わるのかのフィードバックを与えることである）

⑧ you may at this point pick up more clearly on certain intangible aspects of your writing that you can make a critical difference to its readability or credibility
（この点で、あなたは、自分の書いたものの持つ具体的には現れていない一定の側面に、よりはっきりと気づくかもしれない。これらの側面は、書いたものの読みやすさや信頼性にとって重大な違いとなり得るものである）

⑨ perhaps the topic shifts enough that the paragraph should be broken up, or perhaps a particular word is repeated too many times within a short space
（たぶん、話題があまりにも変わってしまい、そのパラグラフが壊されるなんてことになるかもしれない。あるいは、たぶん、ある特定のことばが、わずかなスペースの中であまりにも何回も繰り返されているかもしれない）

正解

(1) ④　(2) ⑧　(3) ②　(4) ⑨
(5) ⑥　(6) ③　(7) ⑦　(8) ⑤

解答・解説

(1)
正解 ④
解説 直前には、don't do all your revisions online and then print off a final copy without looking it over.（コンピューター上で全ての直しを入れ、それから全体を見通すことなく最終的な印刷原稿を出す、といったやり方をしないことだ。）とある。この箇所のタイトル ALWAYS LOOK OVER A PRINTOUT（常に印刷して眺めてみよう）から考えても、「印刷すること」を勧めることが主旨である

Lesson 17

173

Lesson 17

ことは明らかだが、直後の The effects に注目したい。定冠詞 the があって特定の何かの「効果」を示しているのだが、この言葉が「因果関係」を表す文脈の標識となっている。つまり〈印刷して眺めること → その効果〉という文脈的つながりになっているはずである。④の選択肢の viewed on a page rather than a screen がプリントアウトを意味するものだと判断できる。

---

(2)

正解 ⑧

解説 空所の前後にそれぞれ重要な手がかりがある。一つは、空所の前の「文脈の標識」in sum（要するに）、もう一つは、空所の後の「指示表現」such nuances（このようなニュアンス）である。前者の手がかりから、この空所には、too brusque, too hesitant, too formal, too casual（ぶっきらぼうすぎたり、迷いがありすぎたり、お堅い感じがしすぎたり、気安すぎたりといったこと）をまとめて一般化した表現があるはずである。同様に、それは、空所の後の「指示表現」、「このようなニュアンス」に相当するものであるはずだ。選択肢⑧の certain intangible aspects of your writing（自分の書いたものの持つ具体的には現れていない一定の側面）がこれにあたる。

---

(3)

正解 ②

解説 この空所の前後には、残念ながら具体的な手がかりがない。しかし、空所の前では、Any time you add or revise an element, reread what surrounds it to ensure that everything still fits.（何らかの要素を付け加えたり書き直したりしたときは、常にその周りの部分を読み直そう。これは、直した後も全てが上手く収まっているのかを確かめるためである。）とある。要点は、「一部を書き直したら周囲を見直す」ことであるが、この「一部を見直す」ことが選択肢②の a change in one place（1箇所での変化）と同意であることを見抜く。

---

(4)

正解 ⑨

解説 直前の As you form each new paragraph（新しいパラグラフを作る際には）という表現に注目する。「新しいパラグラフ」の話である。選択肢⑨の the paragraph の定冠詞 the との関係がポイントである。この the は、一種の「指示

表現」である。つまり、選択肢⑨の the topic や the paragraph は、「パラグラフ一般」の話ではなく、each new paragraph を具体的に指示しているのである。

(5)
正解 ⑥
解説 このパラグラフの main idea は、タイトルの PUT YOUR WORK ASIDE FOR A WHILE AND THEN COME BACK TO IT（作業を一時中断し後でまた戻ろう）である。また、空所の直前では、when you look at them a little later, problems jump out at you（少し後で見たら、いろんな問題が目に飛び込んでくる）と書かれている。選択肢⑥ a lapse of time enables you to come back to your work with a more objective eye（時間が経過することで、より客観的なまなざしを持って自分の作品に戻ってくることができる）は、明らかにこの主旨の言い換えである。

(6)
正解 ③
解説 この空所には、「文構造把握」に関連する決定的なヒントがある。英語では、2つの節をカンマだけでつなぐ（S + V, S + V）ことは原則的にできない。何らかの「つなぎめ」としての文法的機能を持ったものが必要である。それは、セミ・コロン (;) か接続詞か関係詞である。選択肢③の because（従位接続詞）以外に、これに相当するものはない。

(7)
正解 ⑦
解説 選択肢⑦の「文脈の標識」rather（むしろ）に注目する。rather は、何らかの「比較」を意味する。つまり、to provide you with feedback on how your points and your tone are coming across（あなたの主張や論調がどんなふうに伝わるのかのフィードバックを与えること）よりも「適切でない」表現が直前になくてはならない。かつ、その表現内容は、it is ... の it という指示表現の指示対象になっているはずである。これが、この空所 (7) の直前にある to have this person correct or revise what you have done（あなたの仕事を訂正してもらったり書き換えてもらったりすること）である。

Lesson 17

(8)

正解 ⑤

解説 選択肢⑤の this strategy という指示表現がカギである。「この戦略」は、not an option or a suggestion, but a basic part of the writing process（選択肢とかお勧めの一つということではない。書くプロセスの中で基本的な部分）である。(8) を含むパラグラフの主旨は、rewrite（書き直し）であることを考えると、選択肢⑤の this strategy がこの「書き直し」にあたることが分かる。こうした主張の言い換えとなっているのが、(8) の直後の No professional writer expects to get away without revision（書き直しをしないで逃げられるようなプロの著者は一人もいない）である。

理論編 | 応用編

Lesson 17

Lesson 17

Step 4 — Japanese translations / 英文と和訳の確認

❶ ① The following are some techniques for improving your writing style, and for assessing how well your efforts are succeeding. ② Not all these strategies will work for everyone, but many writers find them helpful.

READ YOUR TEXT ALOUD TO YOURSELF

❷ ① This strategy may be particularly helpful if your writing is intended for oral presentation, but can be useful for other genres as well. ② Hearing your own words, as opposed to looking at them, may provide you with a very different impression of them and expose weaknesses such as pretentious-sounding terms, wooden dialogue or rambling sentence structures.

❶ ①以下は、あなたの文章のスタイルをより良くするための幾つかのテクニックです。これらは自分の努力がどれほどうまくいっているかを査定するためのものでもあるのです。②これら全ての戦略があらゆる人にとって功を奏するわけではありません。それでも、これらが役に立つと思う書き手が多くいます。

自分の書いたものを声に出して読もう
❷ ①この戦略がたぶん特に役立つのは、あなたの書くものが口頭発表を意図している場合である。しかし、他のジャンルの場合でも有効になり得る。②自分のことばを眺めるのとは対照的に、聞いてみるととても違った印象が得られることがあるし、弱さが分かってくることもある。たとえば、大げさで嫌みに聞こえる言葉遣いとか、精彩を欠くセリフだとか、文の構造がとりとめもなくなっているとかである。

Lesson 17

ALWAYS LOOK OVER A PRINTOUT

❸ ① If you're writing on a word processor (which is becoming the norm these days), don't do all your revisions online and then print off a final copy without looking it over. ② It's hard to explain why, but words often present themselves differently when viewed on a page rather than a screen. ③ The effects can range from suddenly noticing a typo you'd been staring at all along without seeing it, to sensing that your tone is coming through as too brusque, too hesitant, too formal, too casual—in sum, you may at this point pick up more clearly on certain intangible aspects of your writing that you can make a critical difference to its readability or credibility. ④ Just why such nuances should emerge more clearly on a hard copy is not clear, nor is this effect universal, but many writers experience it.

常に印刷して眺めてみよう

❸ ①ワープロで書いている場合（最近では標準的になっている）、コンピューター上で全ての直しを入れ、それから全体を見通すことなく最終的な印刷原稿を出す、といったやり方をしないことだ。②どうしてか説明するのは難しいが、スクリーン上で見るより紙のページ上で見る方が、ことばが違った現れ方をすることが多い。③この効果の及びうる範囲は、気がつかずにずっと見つめていた誤植に突如気づくといったことから、自分の文体の調子の現れ方に気づくことにもいたる。ぶっきらぼうすぎたり、迷いがありすぎたり、お堅い感じがしすぎたり、気安すぎたりといったことである。要するに、この点で、あなたは、自分の書いたものの持つ具体的には現れていない一定の側面に、よりはっきりと気づくかもしれない。これらの側面は、書いたものの読みやすさや信頼性にとって重大な違いとなり得るものである。④こうしたニュアンスが印刷するとよりはっきり現れるのは一体なぜなのか、それははっきりしないし、こうした効果が普遍的なものであるわけでもない。しかし、多くの著者が経験していることなのである。

FOCUS ON THE WHOLE AS WELL AS THE PARTS

❹ ① Any time you add or revise an element, reread what surrounds it to ensure that everything still fits. ② Often, a change in one place will necessitate a change in another. ③ Naturally you must focus on each line as you create it, but as soon as you have the first draft in place, back up a few lines and read through the earlier text again. ④ You will frequently find that the latest addition doesn't fit in quite as it should—perhaps it restates a point already made, or doesn't make a smooth enough transition from what came before. ⑤ As you form each new sentence, keep going back and rereading it from the start to ensure that all its elements mesh together. ⑥ As you form each new paragraph, keep rereading it from its first line to see how its sentences fit together: Perhaps the topic shifts enough that the paragraph should be broken up, or perhaps a particular word is repeated too many times within a short space.

PUT YOUR WORK ASIDE FOR A WHILE AND THEN COME BACK TO IT

❺ ① You may feel you have polished your arguments into their final form, only to find that when you look at them a little later, problems jump out at you: illogical connections, clumsy sentence structures, a strained-sounding tone, subtle grammatical errors. ② A lapse of time enables you to come back to your work with a more objective eye. ③ A day or more away is ideal, but even a few hours can make a difference.

部分だけでなく全体にも焦点を当てよう

❹ ①何らの要素を付け加えたり書き直したりしたときは、常にその周りの部分を読み直そう。これは、直した後も全てが上手く収まっているのかを確かめるためである。②よくあることだが、1箇所で変えると別の箇所でも変えざるを得なくなるものだ。③当然のことながら、新たに書いているときにはそれぞれの行に集中していなくてはならない。しかし、この草案がちゃんとできたら、すぐに数行前に戻ってはじめに書いていた部分をもう一度読み通してみるように。④最後に付け加えたところが、あるべき状態にきちんと収まっていないと気づかされる場合も多いだろう。おそらく、既に主張したことをまた書いているとか、前の部分から十分スムーズにつながっていないとかである。⑤新しいセンテンスを作る際には、常に戻って最初からその部分を読み返す、そうすればそこにある全ての要素が上手く噛み合っていることを確かめられるのである。⑥新しいパラグラフを作る際には、常に最初の一行目から読み返す、そうすればそこにあるセンテンスがどう組み合わされているのかを確かめられるのである。たぶん、話題があまりにも変わってしまい、そのパラグラフが壊されるなんてことになるかもしれない。あるいは、たぶん、ある特定のことばが、わずかなスペースの中であまりにも何回も繰り返されているかもしれない。

作業を一時中断し後でまた戻ろう

❺ ①自分の論ずべきことを最終的な形にまで磨き上げた、そう感じることもあろうが、結局、少し後で見てみたら問題が目に飛び込んできたということにもなりかねない。論理的でないつながり、ぎこちない文構造、とってつけたように聞こえる調子、微妙な文法的間違いなどである。②時間が経過することで、より客観的なまなざしを持って自分の作品に戻ってくることができる。③一日かそれ以上が理想的であるが、数時間であっても意味はある。

Lesson 17

HAVE SOMEONE ELSE LOOK YOUR WORK OVER

❻ ① Any writer—no matter how skilled—can benefit from getting a second opinion, because by definition one is always too close to one's own work. ② Given that your writing is ultimately intended for other people's consumption, it only makes sense to find out how other people perceive it. ③ The individual whose opinion you seek need not be a better writer than you: The goal is not to have this person correct or revise what you have done. ④ Rather, it is to provide you with feedback on how your points and your tone are coming across. ⑤ If your critic doesn't get your jokes, or finds a character you meant to be funny and sympathetic merely irritating, or can't follow some instruction because you left out a step you thought would be perfectly obvious to anybody—take all this seriously (and do your best to remain on speaking terms afterward). ⑥ A professional editor is ideal, but if this is not practical or affordable, try to select someone whose opinion you respect and who represents your intended readership as nearly as possible.

❼ ① And finally, draft, draft, draft. ② Write and rewrite. ③ And then rewrite again. ④ This strategy is not an option or a suggestion, but a basic part of the writing process. ⑤ No professional writer expects to get away without revision; the only question is, how much will be necessary. ⑥ The act of writing, after all, does not involve simply transcribing ideas inside your head into words on paper: It involves developing and articulating those ideas in the first place. ⑦ As you write, you can expect to shift your priorities; to change your mind about what information goes with what; to choose a different tack in order to drive some point home. ⑧ Resist the temptation to hang onto passages that you labored long and lovingly over, if they no longer fit.

誰か他の人に自分の書いたものの全体を見てもらおう

❻ ①書き手は誰でも―どんなに優れた技能の持ち主でも―他人の診断から恩恵を得られることがある。定義からして人は自分自身の仕事には近すぎるというのが常だからである。②考えてみれば、あなたの書いたものは、最終的に他の人が読むことを意図されているのだから、他人がどう受け止めるか調べてみるのは理に適ったことにすぎない。③あなたが意見を求める人は、あなたより優れた書き手である必要などない。目標とするのは、この人にあなたの仕事を訂正してもらったり書き換えてもらったりすることではない。④むしろ、それは、あなたの主張や論調がどんなふうに伝わるのかのフィードバックを与えることである。⑤仮にこんなことがあるとする。あなたのために批評してくれた人が、ジョークを解してくれない、あるいは、あなたが誰にでも全く明白なことだと考えて一つのステップを省いたおかげで、何らかの指摘についていけない―こういう場合、全て真摯に受け止めるように。(そして後になってお互い話ができる間柄を保てるよう最善の努力をする。)⑥プロの編集者が理想的だが、現実的でないとかそんな人は得難いというときは、あなたがその意見を尊重する人、想定する読者層にできるだけ近い、典型となる人を選ぶ。

❼ ①そして、最後は、下書き、下書き、下書きをすることだ。②書いて書き直しをする。③さらにそれから、また書き直しをする。④この戦略は選択肢とかお勧めの一つということではない。書くプロセスの中で基本的な部分である。⑤書き直しをしないで逃げられるようなプロの著者は一人もいない。唯一の問題は、どれくらい必要になるかだ。⑥結局のところ、書くという行為に必要とされるのは、頭の中の考えを、紙の上の言葉に単に書き写すことではない。何よりもまず、その考えを発展させ、はっきり表現することが必要である。⑦書きながら予想されるのは、優先順位を変えること、どんな情報をどんなことと結びつけるのかについて気が変わること、何らかの要点をよく分からせるために違う策を取ることである。⑧時間をかけ愛しく思いながら取り組んできた文章が、もはやピッタリこないという場合に、それにしがみつきたい誘惑には抵抗するのである。

Lesson 18

パラグラフ整序

Step 1 Forms of questioning and reading skills
「設問形式」と「読解スキル」

- **設問形式**　パラグラフ整序
- **必要スキル**
  - narrow contexts　　　　　：指示表現の捕捉　*重要!*
  - narrow/wider contexts　：文脈の標識の捕捉　*重要!*
  - wider contexts　　　　　：writing pattern の把握

　「センテンス整序」と同様に、「指示表現の捕捉」と「文脈の標識の捕捉」が、ここで必要なスキルとなります。違いがあるとすると、「パラグラフ整序」では、パラグラフ間の論旨展開を「writing pattern の把握」によってつかむ必要がある、あるいはそれをつかんでいる方がはるかに解きやすいということでしょう。以下の問題においても、それぞれのパラグラフの topic と main idea を押さえ、さらにパラグラフ間に成立している writing pattern を見抜くことで、随分と考えやすくなるはずです。

Step 2

Answering exam questions
入試形式の問題を解く

次の英文を読み、設問に答えなさい。

　First proposed early in the 20th century, the idea of obtaining resources from asteroids continues to attract attention. The basic notion is to get material from near-earth asteroids, that is, those having orbits that come close to our planet. This group is distinct from the main belt asteroids, which orbit between the planets Mars and Jupiter. Materials from the asteroids could be used in space to support space flight, space stations, or even a moon base. The resources could also be brought back to earth for use here.

　The first resource of interest is likely to be water from the near-earth asteroids that are either C-type (carbon-rich) asteroids or the cores of dead comets. Together these probably make up half or more of the near-earth asteroid population. That water would be used to make hydrogen and oxygen for rocket fuel. Of course, that water and oxygen would also then be available to support human life in space. Another resource that could be used in space is almost certainly metals such as iron and cobalt. These substances are very common not only on earth but in asteroids as well, and they could be used as structural materials in space.

Lesson 18

[blank box]

[blank box]

　　Whether the resources sought in space are materials or energy, technology for obtaining them still needs to be developed. While the technology needed to travel to near-earth asteroids is now available—in fact, the amount of rocket power and fuel needed to visit some of these bodies is less than it takes to go to the moon—the technology necessary to mine them and either process or bring back the asteroids' resources has not been developed. It is also not clear how difficult and costly this would be, nor is it known if the task could be done by robots or would require human supervision. Although some space agencies have explored asteroids with robots and the possibility of human missions has been discussed as well, no specific plans for mining asteroids have yet been made.

注：asteroid　小惑星／cobalt　コバルト／helium-3　ヘリウムの同位体の一つ／to mine, mining　鉱石などを採掘する（こと）／nuclear fusion　核融合／orbit　軌道（を回る）／platinum　プラチナ、白金

上の文章で空白になっている第三段落から第六段落には、次のア〜オのうちの四つの段落が入る。それらを最も適切な順に並べた場合に、不要となる段落、一番目に来る段落、三番目に来る段落はどれか。それぞれの記号を記せ。

ア　Most early asteroid-mining concepts required humans to visit the asteroids and mine them, but some of the newer ideas involve strictly robotic missions.

One option would be simply to bring pieces of the asteroid back to the earth and crash them in some remote area where a processing plant would be set up. Another possibility would be processing the materials on the asteroid itself.

イ　Yet another potential resource would be precious metals that could be brought back to the earth. The most promising metals to obtain from asteroids would include the platinum-group metals, which are rare and costly on earth and could be used here for many industrial applications. Planetary astronomers believe the average asteroid should have much higher amounts of these metals than typical rocks on the earth or even on the moon.

ウ　But while it might be too expensive to bring back materials from space, economists also point to some very interesting opportunities associated with the generation of electrical power in space for use on earth. For example, solar-power satellites could be placed in high earth orbits to beam solar power down to the ground in the form of microwave energy. Helium-3 taken from the surface of the moon might also be economically attractive for nuclear fusion on the moon with the power beamed down to the earth.

エ　Similarly, solar collectors may be built on the moon out of native materials to send their power back to the earth. The construction of solar-power plants in space could in principle be made much cheaper if the high-mass, low-tech components of the plants are made in space using materials made from asteroids or even the moon. Farther away, the supply of helium-3 in the giant planets (especially Uranus and Neptune) is so vast that schemes for obtaining fuel for nuclear fusion from their atmospheres could power the earth until the sun dies of old age.

オ　Some economists, however, question whether asteroid materials could be brought back to the earth profitably. A sudden increase on earth in the supply of platinum-group metals from space, for example, without a similar increase in demand could cause the price of the metals to drop drastically, thereby eliminating profits and discouraging further investment. Another possible

Lesson 18

import—rare substances used in laboratory analysis—not only has a limited market, but demand for such substances is expected to decrease in the future as analytical techniques improve.

Step 3　Solutions
読解スキルからの解法

topic / main idea の把握

まず、全てのパラグラフの topic と main idea を確認しておきましょう。topic とは、当該パラグラフの全てのセンテンスに共通する話題、main idea とはその話題について最も重要な記述であることを思い出してください。
すでに確定しているパラグラフから始めます。

第1パラグラフ　topic：the idea of obtaining resources from asteroids（小惑星から資源を手に入れるという考え）
　　　　　　　main idea：この考えが関心を引きつけている。
第2パラグラフ　topic：the resource of interest（関心を引きつけている資源）
　　　　　　　main idea：この資源は第一に水、次に鉄、コバルトの金属である。
第7パラグラフ　topic：the technology for obtaining resources（資源獲得の方法）
　　　　　　　main idea：このテクノロジーはさらなる発展を必要とする。

次に並べ替えの候補となるパラグラフです。

ア　topic：asteroid-mining（小惑星採掘）
　　main idea：処理するのが人間かロボットか、場所が地球か現地かの議論がある。
イ　topic：another potential resource（もう一つの可能性ある資源）
　　main idea：それはプラチナ類の貴金属である。
ウ　topic：the generation of electrical power in space for use on earth（地球で使用する電力の宇宙での発電）
　　main idea：物質供給に費用の問題を指摘する経済学者が宇宙発電をチャンスと考えている。
エ　topic：powering the earth（地球へのエネルギー供給）
　　main idea：太陽熱収集器の月面建設や巨大惑星でのヘリウム3の供給の方

Lesson 18

　　　　　法がある。
オ　**topic**：the question whether asteroid materials could be brought back to the earth profitably（小惑星物資の地球持ち帰りが有益かどうか）
　　main idea：経済的な需要確保に問題があるかもしれない。

writing pattern の観点

　上記のように把握してみると、いくつか writing pattern という観点から気づくことがあります。

・パッセージ全体の topic は、全てのパラグラフに共通するものだが、それは今回、「小惑星からの資源確保」であると把握することができる。
・第1パラグラフは、その topic についてのイントロダクションとして「関心の高さ」を指摘する。
・第2パラグラフは、その資源のうち「水」と「鉄・コバルト」を挙げている。イの「プラチナ類」はそれに続くもう一つの資源と予想できる。つまり、「水」「鉄・コバルト」「プラチナ類」は enumeration（列挙）の writing pattern となっている。
・「経済学者」の観点という共通性から、オのコストの問題に続くのは、ウであると予想できる。
・「エネルギー」という topic の共通性から、ウとエが連続すると予想される。

　さて、このように考えると、並べ替える要素のうち、イ → オ → ウ → エの連結を予想できます。

「文脈の標識」の捕捉の観点

　これでほぼ正解は得られたわけですが、今度は、細部に注目し「文脈の標識」の捕捉の観点から手がかりを整理してみましょう。

ア：特にヒントとなる表現がない。
イ：another potential resource の another という「文脈の標識」に注目しなければならない。「もう一つの」というからには、同類の、列挙されるべき項目的内容がその前にあるということである。それが、第2パラグラフの「水」「鉄・

コバルト」である。ここが、Enumeration（列挙）の writing pattern であることは、上に指摘したとおりである。

ウ：But という冒頭の、対立矛盾的関係を表す「文脈の標識」がある。また、同じセンテンス中の also にも着目する必要がある。この also が連結しているのは、同じ「経済学者」の指摘であることだ。そして、オの「需要の減少」の可能性と「コストの問題」に対比されるのが、「宇宙発電のチャンス」なのである。この対比は while という「文脈の標識」にも現れている。「比べることで差異を述べる」Contrast（対比）の writing pattern である。

エ：Similarly（同様に）という「文脈の標識」が示す文脈の結びつき、つまり「何と同様に」なのかを見抜く。この Similarly につづく solar collectors（太陽光収集器）の月面建設の方法は、ウの最後のセンテンスで言われる nuclear fusion on the moon（月面での核融合）と、可能性として「同様」である。ここには、「比較して共通点を述べる」writing pattern である Comparison（比較）が見られる。

オ：「文脈の標識」however に目を向ける。この語を含むセンテンスでは、「小惑星からの資源確保」についての疑問が述べられている。wider context を捉えるなら、第1パラグラフからイまでに述べられてきた「小惑星からの資源確保」についての言わば「肯定的期待」と、ここでの「否定的疑問視」を対立矛盾的に結びつけている。この wider context は、Contrast（対比）の writing pattern をつかむことで明確になる。

正解

不要となる段落：ア　　1番目の段落（第三段落）：イ　　3番目の段落（第五段落）：ウ

* * * * * * * * * *

　結局、「文脈の関係の捕捉」という比較的 narrow context の把握に関係するスキルを駆使し、writing pattern の捕捉によって wider context が見通せれば、正解はおのずとはっきり見えてきます。

Lesson 18

Step 4 — Japanese translations
英文と和訳の確認

CD 39〜40

❶ ① First proposed early in the 20th century, the idea of obtaining resources from asteroids continues to attract attention. ② The basic notion is to get material from near-earth asteroids, that is, those having orbits that come close to our planet. ③ This group is distinct from the main belt asteroids, which orbit between the planets Mars and Jupiter. ④ Materials from the asteroids could be used in space to support space flight, space stations, or even a moon base. ⑤ The resources could also be brought back to earth for use here.

❷ ① The first resource of interest is likely to be water from the near-earth asteroids that are either C-type (carbon-rich) asteroids or the cores of dead comets. ② Together these probably make up half or more of the near-earth asteroid population. ③ That water would be used to make hydrogen and oxygen for rocket fuel. ④ Of course, that water and oxygen would also then be available to support human life in space. ⑤ Another resource that could be used in space is almost certainly metals such as iron and cobalt. ⑥ These substances are very common not only on earth but in asteroids as well, and they could be used as structural materials in space.

❶ ①最初に提案されたのは、20世紀はじめのことだったが、小惑星から資源を手に入れるという考えは、関心を引き続けている。②基本的な考えは、地球に近い小惑星からの物質を入手すること、つまり、我々の惑星に近づく軌道を持つ小惑星からのものである。③このグループのものは、主帯小惑星とは区別される。主帯小惑星は、火星と木星の間の軌道を回っている。④小惑星から得られる物質は宇宙空間で使用することができるだろうし、そうなれば宇宙飛行や宇宙ステーション、月の基地さえも支えるものとなる。⑤さらに、このような資源を地球に持ち帰り、ここで我々が使うという可能性もある。

❷ ①関心が寄せられる最初の資源は、地球に近い小惑星の水となりそうである。これらの惑星は、Cタイプ（炭素に富む）小惑星か死んだ彗星の核である。②これをあわせると、地球に近い小惑星の個体数の半数かそれ以上をたぶん占める。③この水は、ロケット燃料向きの水素や酸素を作るために使われるだろう。④そうなるともちろん、この水や酸素はさらに、宇宙空間での人間の生命維持にも使われるだろう。⑤もう一つ宇宙空間で使えるかもしれない資源が、鉄やコバルトのような金属であることは、ほとんど確かである。⑥これらの物質は地球上でとても一般的なものだが、小惑星においても同様である。従って、宇宙空間で建築材料として使えるだろう。

Lesson 18

❸ ① Yet another potential resource would be precious metals that could be brought back to the earth. ② The most promising metals to obtain from asteroids would include the platinum-group metals, which are rare and costly on earth and could be used here for many industrial applications. ③ Planetary astronomers believe the average asteroid should have much higher amounts of these metals than typical rocks on the earth or even on the moon.

❹ ① Some economists, however, question whether asteroid materials could be brought back to the earth profitably. ② A sudden increase on earth in the supply of platinum-group metals from space, for example, without a similar increase in demand could cause the price of the metals to drop drastically, thereby eliminating profits and discouraging further investment. ③ Another possible import—rare substances used in laboratory analysis—not only has a limited market, but demand for such substances is expected to decrease in the future as analytical techniques improve.

❺ ① But while it might be too expensive to bring back materials from space, economists also point to some very interesting opportunities associated with the generation of electrical power in space for use on earth. ② For example, solar-power satellites could be placed in high earth orbits to beam solar power down to the ground in the form of microwave energy. ③ Helium-3 taken from the surface of the moon might also be economically attractive for nuclear fusion on the moon with the power beamed down to the earth.

❸ ①もっとも、もう一つ資源として可能なものは、地球に持ち帰ることができる貴金属となるだろう。②小惑星から入手できるもっとも有望な金属には、プラチナ類の金属が含まれるだろう。これらは、地球上ではまれで、値が張り、地上で多くの工業における応用に向けることができる。③惑星を研究する天文学者の信じるところでは、平均的な小惑星にはこれらの金属が多量にあるはずで、地球上のふつうの岩より多く、月のものと比べても多いそうだ。

❹ ①しかし、小惑星の物質を地球に持ち帰っても利益になるかどうか疑問視する経済学者たちもいる。②たとえば、宇宙からのプラチナ類金属の供給が突然増えた場合、需要も同じように増えないと、この金属類の価格が極端に下がりかねない。それによって利益がなくなりさらなる投資を冷え込ませることにもなる。③これとは別に、持ちこまれる可能性があるのは実験室での分析に使われる希少な物質であるが、これについては市場が限られているだけではない。分析技術の進歩により、こうした物質の需要は、将来下がることが予想される。

❺ ①しかし、宇宙から物質を持ち帰るには費用がかかりすぎるかもしれないとされる一方で、経済学者たちは、非常に興味深いチャンスがいくつかあることも併せて指摘している。これは、宇宙空間で電力を生み出し、地球上で使用することに結びつくようなチャンスである。②たとえば、太陽光発電の衛星を地球の高周回軌道上に配置し、マイクロ波エネルギーの形で太陽エネルギーを地上に照射することができるかもしれない。③さらに、月面のヘリウム３も、経済的に魅力あるものかもしれない。月面で核融合を行い、そのエネルギーを地球に向けて放つことがあるかもしれないからである。

Lesson 18

❻ ① Similarly, solar collectors may be built on the moon out of native materials to send their power back to the earth. ② The construction of solar-power plants in space could in principle be made much cheaper if the high-mass, low-tech components of the plants are made in space using materials made from asteroids or even the moon. ③ Farther away, the supply of helium-3 in the giant planets (especially Uranus and Neptune) is so vast that schemes for obtaining fuel for nuclear fusion from their atmospheres could power the earth until the sun dies of old age.

❼ ① Whether the resources sought in space are materials or energy, technology for obtaining them still needs to be developed. ② While the technology needed to travel to near-earth asteroids is now available—in fact, the amount of rocket power and fuel needed to visit some of these bodies is less than it takes to go to the moon—the technology necessary to mine them and either process or bring back the asteroids' resources has not been developed. ③ It is also not clear how difficult and costly this would be, nor is it known if the task could be done by robots or would require human supervision. ④ Although some space agencies have explored asteroids with robots and the possibility of human missions has been discussed as well, no specific plans for mining asteroids have yet been made.

(ア) Most early asteroid-mining concepts required humans to visit the asteroids and mine them, but some of the newer ideas involve strictly robotic missions. ② One option would be simply to bring pieces of the asteroid back to the earth and crash them in some remote area where a processing plant would be set up. ③ Another possibility would be processing the materials on the asteroid itself.

❻ ①同様に、太陽熱収集器を月にある材料で月面に建設し、それによって得られたエネルギーを地球に送るということもあるだろう。②宇宙に太陽光発電所を建設するのは、原理的にはずっと安くできる。その条件は、その発電所の高質量でローテクなコンポーネントが、宇宙空間で作られ、その際材料として小惑星や月からできるものさえ使えるということである。③ずっと遠く離れた場所でいえば、巨大な惑星（とりわけ天王星や海王星）では、ヘリウム３が供給される。その量は莫大であるから、これらの惑星の大気から核融合のための燃料を手に入れる計画によって、太陽が高齢によって死ぬまで地球にエネルギーを供給できる。

❼ ①宇宙に求められる資源が原材料であろうとエネルギーであろうと、それらを手に入れるためのテクノロジーをさらに発展させる必要がある。②地球に近い小惑星に移動するのに必要なテクノロジーは、もう使える状態にある。実際、これらの天体に赴くのに必要なロケットエネルギーや燃料の量は、月にいくのに必要な量に比べて少ない。だがその一方で、これらの小惑星を採掘し、その資源を処理したり持ち帰ったりするのに必要なテクノロジーは、まだ発達していない。③おまけに、これがどれくらい困難で費用の掛かるものなのかはっきりしないし、この課題をロボットが行えるのか人間による監督が必要なのかも分からない。④宇宙機関の中には、ロボットによる小惑星探索をもうしているところがあり、同時に人間を派遣する可能性も議論されているが、小惑星採掘の具体的計画はまだ立っていない。

（ア）①初期の小惑星採掘の考え方のほとんどは、人間がその小惑星を訪れて採掘することを必要としていた。しかし、より新しい考え方の中には、厳密な意味でロボットだけによる任務を必要とするものがある。②一つの選択肢としては、ただ単に小惑星の一部を地球に持ち帰り、どこか人里離れたところで処理工場を作り破砕する、というのがあるだろう。③もう一つの可能性は、当の小惑星自体でその物質の処理を行うこととなるだろう。

Process 4
英文読解の完成

《応用編》
読解スキルからの解法

Unit 8
paragraph patterns と main ideas の把握

- **Lesson 19** 内容一致／内容正誤 202
- **Lesson 20** 内容説明 246

Lesson 19

内容一致／内容正誤

Step 1　Forms of questioning and reading skills
「設問形式」と「読解スキル」

- **設問形式**　内容一致／内容正誤
- **必要スキル**　wider contexts　　：writing pattern の把握　**重要!**
　　　　　　　　　　　　　　　　　　passage 構成の把握　**重要!**

　「内容一致／内容正誤」の問題は実に多様なものがあります。ここで扱うのは、形式的には選択式で、記述を求めず、いわゆる「英問・英答」の「内容把握問題」とも言われるものです。この設問形式のものの中には、複雑なセンテンスの正確な解釈を見るために言い換えられたセンテンスの選択を求めたり、特定の語句の解釈を求めたり、指示語の指示対象を選ばせたりするものも存在します。これらは、これまでに見て来た narrow context 把握のためのスキルが直接関係します。しかし、今回は、個々のパラグラフやパッセージ全体の論旨展開に関わる問題に挑戦してもらいます。実は難関大学入試ではこうしたものの方が主流であり、wider context の文脈把握ができないと歯が立たないものです。

　ここで一つ注意しておきたいことがあります。それは、「選択肢を比較検討する前に自分の答えを考える」ということです。大きくいえば、全ての選択肢問題に妥当すると言えるのですが、とりわけ、今回取り上げている「内容一致／内容正誤」については、銘記しておいてください。特に焦りがあるときなど、question を見たら即座に（最悪の場合はそれさえせず）選択肢を眺め、「どれが正解になりそうか」比較選択したくなるかもしれません。これはとても危険です。
　出題者は、「よく分かっていない受験生はこれを選びたくなるだろう」という微妙で判断が難しい不正解の選択肢を作ります。つまり、できるだけ「間違った解釈に誘導する」のが、不正解の選択肢の目的です。自分で考えないでこれらの選択肢を眺めたら、この「ワナ」にはまる確率は高まりますね。
　ですから、まず question をよく読んだら、選択肢を見る前に、じっくり考え、

自分の答えを頭の中に作ってから選択肢に向かいましょう。選択肢の比較検討は、「自分の答えに一番近いもの」という基準で選ぶのです。

Lesson 19

> **Step 2**   Answering exam questions
> 入試形式の問題を解く

次の四つの文章は，脳と心の科学に関するフォーラムのテーマを説明した序文と三人の発表者の意見の一部を抜粋したものです。それぞれの文章を読んで，以下の質問に答えなさい。［A］から［I］の設問に対する答えとして、最も適切な選択肢を選び、その番号を記入しなさい。

    With the arrival of twenty-first-century brain science, many people are re-thinking their ideas about personal responsibility. Free will has been at the center of philosophical debates since the 16th century. Today, however, science has made the key questions about free will even more controversial. Are our thoughts in some way determined by our physical brains? Is the free will we seem to experience just an illusion? And if free will does not in fact exist, must we change our ideas about personal responsibility for our actions? These are no longer just questions for philosophers. They are occupying people from all walks of life—judges, politicians, lawyers, doctors, and scientists. The following three opinions deal with the question of free will and individual responsibility.

Speaker 1

❶ Science will never eliminate the idea of free will. Regardless of any other considerations, free will is an essential concept if we are to hold and value the idea of personal responsibility. All societies accept the idea of personal responsibility. We all make our own choices. Even alone on a desert island, one is always responsible for one's actions. The burden of proof, therefore, lies with those who would argue that free will is in fact an illusion we have created through ignorance.

❷ However, few convincing proofs have been given so far. Those who refuse to accept free will believe we live in a world where every action, human and otherwise, is inevitable. Yet they are always unable to answer one simple question: if determinism is true, what exactly does the determining? Fate? That seems a vague answer. Predestination? Do the stars or our blood types determine our behavior and destiny? That explanation runs contrary to our experience. In the face of this difficulty, determinists have recruited science to their cause, claiming that genes are the key to our destiny. Stephen Jay Gould, by no means an advocate for genetic determinism, explained the theory by stating that "if we are programmed to be what we are by our genes, then our traits are unavoidable. We may, at best, guide them, but we cannot change them—either by will, education or culture."

❸ True enough, some body processes seem to be largely determined by our genes. For example, if someone has the gene for Huntington's disease, he or she will almost certainly get the disease. But lawyers need not panic; clear cases of genetic determinism are the exception, not the rule. Our courts of law already assign a strictly limited role to genetic explanations and data from neurological tests. Further change to the system should not be necessary.

❹ Our brains are more than organic computers, programmed by genetic codes simply to respond to and act on a variety of stimuli. They house "us"— our personalities. All of our experiences, from our earliest years onwards, are recorded here, and those experiences continually shape us. Most actual decisions and actions result from a lengthy process of interaction with other people and within our selves. It is this process, as much as our genes, which helps our brains to make the millions of decisions that cause us to think and act. Genes might build our brains, but we are more than our brains; we are creatures with individual memories and experiences, creatures with free will.

Speaker 2

❶ Everything which happens is inevitable. A causes B; C causes D; and together, B and D combine to cause E. Free will has no role to play whatsoever. My belief, called 'determinism', might seem inflexible, yet it is only an extension of ideas which most of us already accept. Most of us happily agree with scientific explanations when the question is about the physical world. We can accept a universe ruled by precise and ultimately understandable relationships between atomic and sub-atomic particles. No one disputes that two parts of hydrogen combine with one part of oxygen to make water. Yet that worldview implies that all chemical changes in our bodies are automatic. Since the brain is made up of chemicals, mental functions cannot be free. What we do in various circumstances is in no way chosen by "us", but determined by our genes and chemical signals. These signals are influenced by food, air, smells, and other stimuli.

❷ Research shows that brain chemistry is more important than the so-called conscious mind. In the 1980s, Dr Benjamin Libet measured brain activity during voluntary hand movements, and found that before the hand actually moved, much brain activity took place. In fact, the brains of Libet's subjects seemed to be preparing for action before the thought itself occurred. Our brains, then, seem to make decisions unconsciously, before our minds become conscious of them. Free will is an illusion.

❸ Do such experiments mean that we should radically reform our legal systems? Perhaps. At the very least, we clearly need to rethink the legal criteria by which innocence and guilt are determined. I do not reject the idea of personal responsibility, only the method of calculating it. In the determinist view, personal responsibility can only be the sum total of an individual's interaction with others and with his or her environment.

❹ I do urge our society to take full note of what science is uncovering. Soon we will no longer require responsibility to be based on social customs and rules. Libet himself said that his experiments showed only that the brain provided a stimulus towards action. There is a short period of time, he claimed, when a person could exercise "free won't"—that is, when a person may stop a course of action proposed by the brain. Nevertheless, Libet's experiments suggest that free will is an illusion; the more we know about the workings of the brain, the more it seems that our brains are operating without our conscious intervention. Nonetheless, we continue to deceive ourselves and believe that we have free choice, because we simply do not have enough information about how decisions are actually made.

Speaker 3
❶ Few areas of science today arouse as much controversy as cognitive neuroscience*. The reasons for this controversy are not difficult to understand. Over the last two decades, neuroscientists have been conducting various types

of brain research. Their findings prove that certain specific changes in our brains cause changes in our mind; in other words, the evidence shows that the brain controls the mind. The implications of this research are potentially revolutionary. Knowing that many of the decisions we make are not "ours" at all—they have been made by our brains, long before we have thought to act—could result in far-reaching social changes. To give just one example, accused criminals in court might be able to use a whole new range of excuses. "My brain made me do it!" might soon be both the first and last defense offered in matters ranging from shoplifting to murder most foul.

❷ Faced with this situation, a balanced approach is clearly desirable. Neuroscience, after all, is only one scientific field, and for the determinists' position to be fully accepted, its findings would have to be made to harmonize with a great amount of research in many other fields, including psychiatry and a variety of social sciences. I strongly doubt, therefore, that science will ever provide a complete explanation for human behavior. On the other hand, neuroscientists can make many valid contributions to our understanding of how various behaviors can arise. Genetic variations can lead to personality changes, and there is evidence that certain brains are more aggressive than others. Through chemical imbalances, for example, brain function can become distorted, causing certain violent or criminal behaviors.

❸ Neuroscience tells us that by the time any of us consciously experience something, the brain has already done its work. Yet should we abandon the concept of personal responsibility? I don't think so. We need to distinguish between brains, minds, and personhood. People are free, and therefore they are responsible for their actions; brains are not responsible. There is absolutely no need, in my opinion, for us to change our existing legal systems in response to modern neuroscience.

❹ Ultimately, our brains are like cars: they might come in a variety of models, but they are all mechanical, rule-governed devices. The interaction of cars is called traffic. The interaction of people is called society. However, the very idea of a society implies the existence of responsibilities shared by all of its members. Traffic only occurs when there is more than one car on the road. Similarly, our responsibilities spring from our interactions with other people.

Lesson 19

Put simply, personal responsibility only exists as a public concept. It exists in a group, not in an individual. If you were the only person on earth, there would be no need for personal responsibility. The fact that brains are genetically determined does not change the fact that people create and follow rules when they live together; nor does neuroscience eliminate the need for a concept of free will.

*cognitive neuroscience（認知神経科学）: 思考や記憶などの知覚、および、喜怒哀楽の感情を含む全ての心理作用を、神経系、特に脳内の化学反応との関係の中で研究しようとしている認知科学の一分野。

A Which one of the following statements best describes speaker 1's feelings about free will?
① Although our experience argues that we are machines, controlled by our genes, we continue to believe in free will.
② We need to eliminate the idea of free will, because it is an illusion created through ignorance.
③ Our brains are organic computers; because we are controlled by them, free will is an essential concept for humanity.
④ Although certain aspects of our lives are determined by genes, our experience justifies a continued belief in free will.

B According to speaker 1, why are determinists so eager to use genetic research to support their ideas?
① Because until now determinists have failed to show exactly what is controlling our actions.
② Because genetic research positively shows that our brains are actually controlling our every thought and action.
③ Because neuroscience, combined with other theories, proves that something unknowable is in fact controlling our actions.
④ Because fatalists and Professor Gould also determined that free will is an outdated concept.

C According to speaker 2, what did Benjamin Libet's experiments demonstrate?
① Our brains are controlled by our genetic codes.
② Our actions are determined by our desires.
③ Our actions are determined by our brains.
④ Our genes control both our brains and our thoughts.

D According to speaker 3, what might be one implication of recent neuroscientific research?
① Both petty thieves and murderers might claim that they are not responsible for their behavior, because their brains are controlled by their morals.
② Criminal minds will become easier to understand, since we will be able to see how their brains made them commit revolutionary acts.
③ Potential changes in society might result in criminals being blamed for their brains.
④ Legal arguments about criminal responsibility could revolve around the brains of defendants.

E According to speaker 3, why can our brains be compared to cars?
① Because brains come in a variety of models; despite this, the idea of society implies social responsibility.
② Because brains, like cars, come in several varieties. Many cars together create traffic, but the interaction of people creates responsibility.
③ Because cars are hard-wired, automatic machines, just like our brains; when we interact with models, we create personal responsibility.
④ Because our brains drive us as we drive cars, and we all take responsibility for traffic jams.

Lesson 19

Which of the speakers would agree with the following statements F , G , H and I ? Choose your answer from the list below.

Speaker 1 only	: → ①	Speaker 2 only	: → ②
Speaker 3 only	: → ③	Speakers 1 & 2	: → ④
Speakers 1 & 3	: → ⑤	Speakers 2 & 3	: → ⑥
Speakers 1, 2 & 3	: → ⑦		

F Science will eventually show that all human actions are determined in one way or another.

G Personal responsibility can only be understood by considering a person's interactions with others.

H Genetic factors clearly influence who we are and what we do.

I Legal systems should not be affected by the advances made by neuroscience.

Step 3　Solutions
読解スキルからの解法

topic / main idea・論旨展開の把握

　長い英文なので、まず、全体の topic から確認しましょう。パラグラフの topic がそのパラグラフ中の全てのセンテンスに共通する話題であるのと同様に、パッセージ全体の topic は、全てのパラグラフに共通する話題でした。(「passage 構成の把握」p. 66)

　普通は、もちろん全体を読まないとパッセージの topic を確認できませんが、幸い今回は、問題の指定を含む日本文の中で、「脳と心の科学に関するフォーラムのテーマを説明した序文と三人の発表者の意見の一部を抜粋したもの」とあり、一定の予想が立ちます。さらに、「テーマを説明した序文」が当然後の 3 つの英文の「テーマ」つまり共通の topic を述べているはずなので、この序文の内容を確認しましょう。

　最後のセンテンス The following three opinions deal with the question of free will and individual responsibility.（以下の三つの意見は、自由意志と個人の責任の問題に取り組んでいる。）とあるので、以下の 3 人の発言内容に共通するのが「自由意志と個人の責任の問題」であることが明らかです。ただし、この問題は、冒頭の With the arrival of twenty-first-century brain science（21 世紀の脳科学の到来とともに）とあるように、現代の脳科学の知見に関連して目立ってきた問題です。従って、この 2 つのことを併せると、これ以降の英文の topic は、「脳科学の最新知見と自由意志と個人の責任の問題」とまとめられることになります。

　全体の topic が分かったところで、次に、パラグラフごとに topic、main idea を押さえ、それに基づいて、ここに登場する 3 人の speaker の主張をまとめてみましょう。

Lesson 19

Speaker 1 の topic、main idea を把握しましょう。

❶ Science will never eliminate the idea of free will. Regardless of any other considerations, free will is an essential concept if we are to hold and value the idea of personal responsibility. All societies accept the idea of personal responsibility. We all make our own choices. Even alone on a desert island, one is always responsible for one's actions. The burden of proof, therefore, lies with those who would argue that free will is in fact an illusion we have created through ignorance.

❶ topic : the idea of free will（自由意志の概念）
main idea : Science will never eliminate the idea of free will.（科学によって自由意志ながなくなることは決してないだろう。）

❷ However, few convincing proofs have been given so far. Those who refuse to accept free will believe we live in a world where every action, human and otherwise, is inevitable. Yet they are always unable to answer one simple question: if determinism is true, what exactly does the determining? Fate? That seems a vague answer. Predestination? Do the stars or our blood types determine our behavior and destiny? That explanation runs contrary to our experience. In the face of this difficulty, determinists have recruited science to their cause, claiming that genes are the key to our destiny. Stephen Jay Gould, by no means an advocate for genetic determinism, explained the theory by stating that "if we are programmed to be what we are by our genes, then our traits are unavoidable. We may, at best, guide them, but we cannot change them—either by will, education or culture."

❷ topic : free will as an illusion（幻想としての自由意志）
＊この topic は、第１パラグラフの末尾で示されている。

main idea : Few convincing proofs have been given so far.（これまでに挙げられた説得力ある証拠などほとんどない。）

Lesson 19

❸ True enough, some body processes seem to be largely determined by our genes. For example, if someone has the gene for Huntington's disease, he or she will almost certainly get the disease. But lawyers need not panic; clear cases of genetic determinism are the exception, not the rule. Our courts of law already assign a strictly limited role to genetic explanations and data from neurological tests. Further change to the system should not be necessary.

❹ Our brains are more than organic computers, programmed by genetic codes simply to respond to and act on a variety of stimuli. They house "us"—our personalities. All of our experiences, from our earliest years onwards, are recorded here, and those experiences continually shape us. Most actual decisions and actions result from a lengthy process of interaction with other people and within our selves. It is this process, as much as our genes, which helps our brains to make the millions of decisions that cause us to think and act. Genes might build our brains, but we are more than our brains; we are creatures with individual memories and experiences, creatures with free will.

---

❸ topic : clear cases of genetic determinism (遺伝子による決定を明確に示す事例)

main idea : Clear cases of genetic determinism are the exception, not the rule. (遺伝子による決定を明確に示す事例は例外であって、お決まりのことではない。)

❹ topic : human brains (人間の脳)

main idea : Genes might build our brains, but we are more than our brains; we are creatures with individual memories and experiences, creatures with free will. (遺伝子が我々の脳を形成するということはあるかもしれないが、我々は自分の脳を越えている。つまり、我々は個々に記憶と経験とを有する生き物であり、すなわち自由意志を有する生き物なのである。)

さて、3人のSpeakerに共通のtopicである「脳科学の最新知見と自由意志と個人の責任の問題」について、Speaker 1の主張（つまりこの4つのパラグラフからなる部分のmain idea）は、何でしょうか？第4パラグラフの最後に集約されています。上記の共通のtopicに準じた形でまとめると以下のようになるでしょう。

「脳科学によって遺伝子が脳を形成する部分があるという知見があっても、人間の脳は経験の集積に基づいて形成されるがゆえに、それを越えており、自由意志は存在する。」

それでは、Speaker 1の全体的主張をダイアグラムとして概観しましょう。これによってSpeaker 1の主張の論旨展開を把握しましょう。

Lesson 19

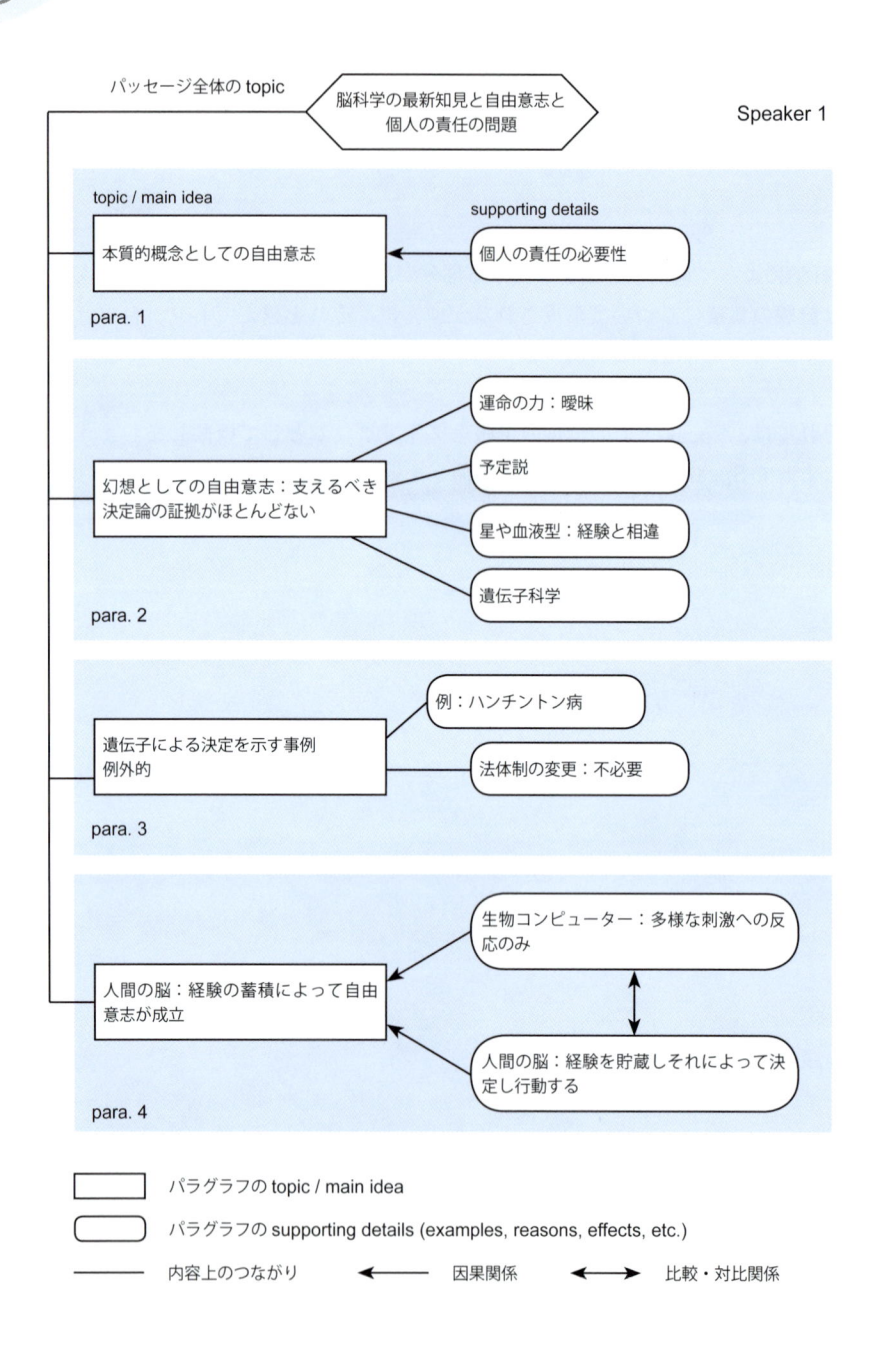

パッセージ全体の topic → 脳科学の最新知見と自由意志と個人の責任の問題　　　　Speaker 1

para. 1
- topic / main idea: 本質的概念としての自由意志
- supporting details: 個人の責任の必要性

para. 2
- 幻想としての自由意志：支えるべき決定論の証拠がほとんどない
  - 運命の力：曖昧
  - 予定説
  - 星や血液型：経験と相違
  - 遺伝子科学

para. 3
- 遺伝子による決定を示す事例　例外的
  - 例：ハンチントン病
  - 法体制の変更：不必要

para. 4
- 人間の脳：経験の蓄積によって自由意志が成立
  - 生物コンピューター：多様な刺激への反応のみ
  - 人間の脳：経験を貯蔵しそれによって決定し行動する

凡例：
- □ パラグラフの topic / main idea
- ◯ パラグラフの supporting details (examples, reasons, effects, etc.)
- ── 内容上のつながり
- ← 因果関係
- ↔ 比較・対比関係

216

Speaker 2 の topic、main idea を把握しましょう。

❶ Everything which happens is inevitable. A causes B; C causes D; and together, B and D combine to cause E. Free will has no role to play whatsoever. My belief, called 'determinism', might seem inflexible, yet it is only an extension of ideas which most of us already accept. Most of us happily agree with scientific explanations when the question is about the physical world. We can accept a universe ruled by precise and ultimately understandable relationships between atomic and sub-atomic particles. No one disputes that two parts of hydrogen combine with one part of oxygen to make water. Yet that worldview implies that all chemical changes in our bodies are automatic. Since the brain is made up of chemicals, mental functions cannot be free. What we do in various circumstances is in no way chosen by "us", but determined by our genes and chemical signals. These signals are influenced by food, air, smells, and other stimuli.

❶ topic：determinism（決定論）

main idea：What we do in various circumstances is in no way chosen by "us", but determined by our genes and chemical signals.（様々な状況において我々が行うことは、決して「我々」によって選択されるものではない。我々の遺伝子と化学信号によって決定されている。）

Lesson 19

Lesson 19

❷ Research shows that brain chemistry is more important than the so-called conscious mind. In the 1980s, Dr Benjamin Libet measured brain activity during voluntary hand movements, and found that before the hand actually moved, much brain activity took place. In fact, the brains of Libet's subjects seemed to be preparing for action before the thought itself occurred. Our brains, then, seem to make decisions unconsciously, before our minds become conscious of them. Free will is an illusion.

❸ Do such experiments mean that we should radically reform our legal systems? Perhaps. At the very least, we clearly need to rethink the legal criteria by which innocence and guilt are determined. I do not reject the idea of personal responsibility, only the method of calculating it. In the determinist view, personal responsibility can only be the sum total of an individual's interaction with others and with his or her environment.

❷ topic : brain chemistry（脳内化学成分）
main idea : Brain chemistry is more important than the so-called conscious mind.（脳内化学成分はいわゆる意識よりも重要だ。）

❸ topic : personal responsibility（個人の責任）
main idea : Personal responsibility can only be the sum total of an individual's interaction with others and with his or her environment.（個人の責任とは、他者及び環境との相互関係の総体でしかあり得ない。）

❹ I do urge our society to take full note of what science is uncovering. Soon we will no longer require responsibility to be based on social customs and rules. Libet himself said that his experiments showed only that the brain provided a stimulus towards action. There is a short period of time, he claimed, when a person could exercise "free won't"—that is, when a person may stop a course of action proposed by the brain. Nevertheless, Libet's experiments suggest that free will is an illusion; the more we know about the workings of the brain, the more it seems that our brains are operating without our conscious intervention. Nonetheless, we continue to deceive ourselves and believe that we have free choice, because we simply do not have enough information about how decisions are actually made.

❹ topic : the workings of the brain（脳の働き）

main idea : Our brains are operating without our conscious intervention.（脳は、意識の介入なしに働いている。）

Lesson 19

　Speaker 2 の主張をまとめることにしましょう。

　まず、彼が重視している脳科学の知見は、主に「化学信号」です。「自由意志」については、第 4 パラグラフにあるように「意識の介入がないので、自由な選択はあり得ない」という立場です。「責任」については、第 3 パラグラフで「他者及び環境との相互関係の総体」であると述べています。つまり、「個人」の責任は存在しません。以上をまとめると、Speaker 2 の主張は以下となります。

「人間の行動は、遺伝子と科学信号で決定され、意識に基づく自由意志は存在しない。従って、『責任』というのは、他者と環境との相互関係の総体にすぎない。」

　Speaker 2 の論旨展開を図で示します。

>> 理論編 | >> 応用編

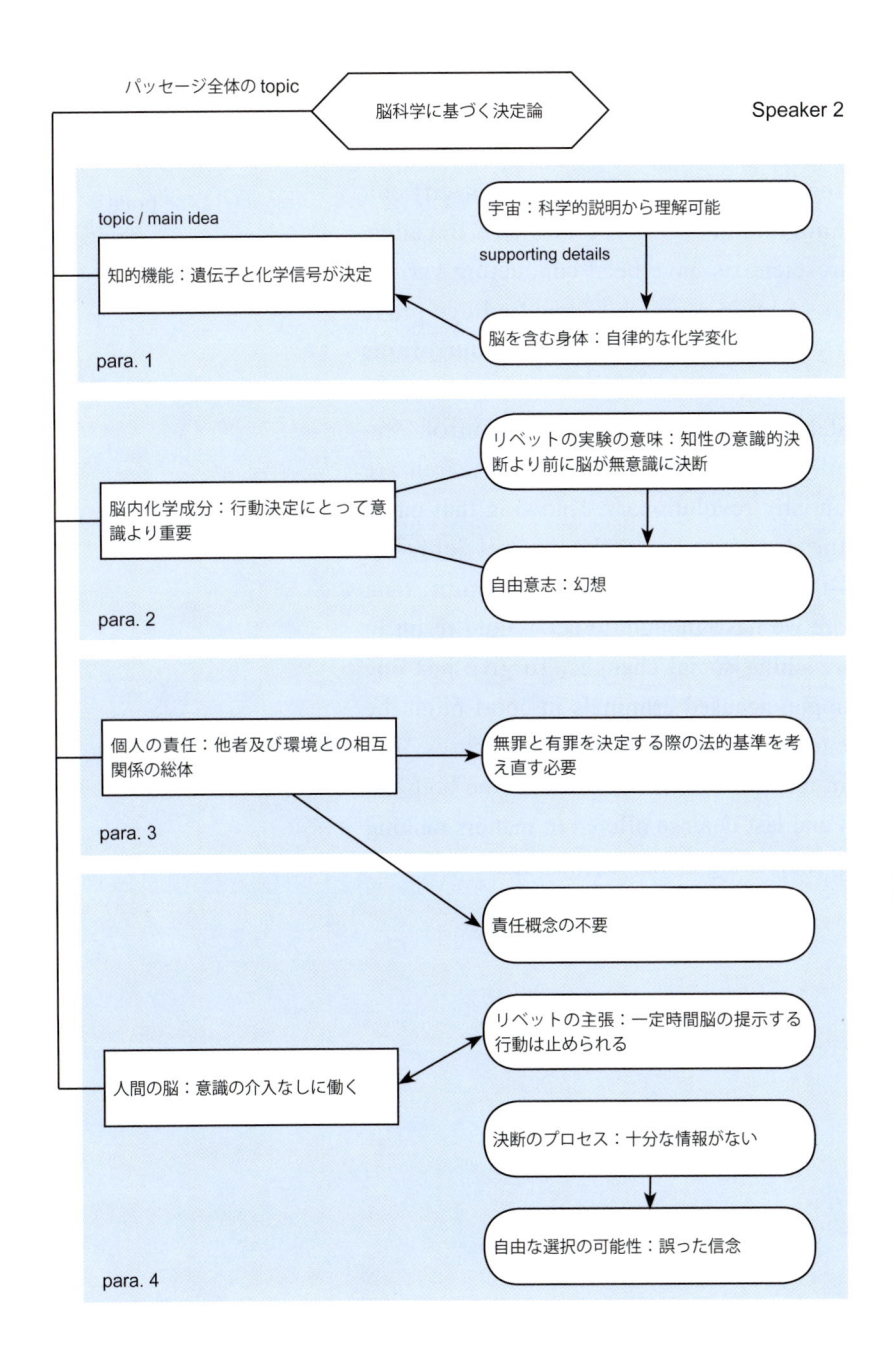

パッセージ全体の topic : 脳科学に基づく決定論　　　　　　　　　　Speaker 2

para. 1

topic / main idea : 知的機能：遺伝子と化学信号が決定

supporting details:
- 宇宙：科学的説明から理解可能
- 脳を含む身体：自律的な化学変化

para. 2

脳内化学成分：行動決定にとって意識より重要
- リベットの実験の意味：知性の意識的決断より前に脳が無意識に決断
- 自由意志：幻想

para. 3

個人の責任：他者及び環境との相互関係の総体
- 無罪と有罪を決定する際の法的基準を考え直す必要
- 責任概念の不要

para. 4

人間の脳：意識の介入なしに働く
- リベットの主張：一定時間脳の提示する行動は止められる
- 決断のプロセス：十分な情報がない
- 自由な選択の可能性：誤った信念

Lesson 19

Lesson 19

Speaker 3 の topic、main idea を把握しましょう。

❶ Few areas of science today arouse as much controversy as cognitive neuroscience. The reasons for this controversy are not difficult to understand. Over the last two decades, neuroscientists have been conducting various types of brain research. Their findings prove that certain specific changes in our brains cause changes in our mind; in other words, the evidence shows that the brain controls the mind. The implications of this research are potentially revolutionary. Knowing that many of the decisions we make are not "ours" at all—they have been made by our brains, long before we have thought to act—could result in far-reaching social changes. To give just one example, accused criminals in court might be able to use a whole new range of excuses. "My brain made me do it!" might soon be both the first and last defense offered in matters ranging from shoplifting to murder most foul.

❶ topic : cognitive neuroscience（認知神経科学）
main idea : The brain controls the mind（脳が知性を制御している。）

❷ Faced with this situation, a balanced approach is clearly desirable. Neuroscience, after all, is only one scientific field, and for the determinists' position to be fully accepted, its findings would have to be made to harmonize with a great amount of research in many other fields, including psychiatry and a variety of social sciences. I strongly doubt, therefore, that science will ever provide a complete explanation for human behavior. On the other hand, neuroscientists can make many valid contributions to our understanding of how various behaviors can arise. Genetic variations can lead to personality changes, and there is evidence that certain brains are more aggressive than others. Through chemical imbalances, for example, brain function can become distorted, causing certain violent or criminal behaviors.

❷ topic : Neuroscience in a balanced approach（バランスの取れたアプローチにおける神経科学）

main idea : I strongly doubt, therefore, that science will ever provide a complete explanation for human behavior. On the other hand, neuroscientists can make many valid contributions to our understanding of how various behaviors can arise. （この神経科学が人間の行動について完璧な説明を提供するなどということに、それ故、私は強い疑いを持つ。一方で、神経科学者が多くの価値ある貢献をなし得るのは、多様な行動がいかに生じるかについての我々の理解にとってである。）

Lesson 19

❸ Neuroscience tells us that by the time any of us consciously experience something, the brain has already done its work. Yet should we abandon the concept of personal responsibility? I don't think so. We need to distinguish between brains, minds, and personhood. People are free, and therefore they are responsible for their actions; brains are not responsible. There is absolutely no need, in my opinion, for us to change our existing legal systems in response to modern neuroscience.

❸ topic : the concept of personal responsibility（個人の責任という概念）

main idea : Yet should we abandon the concept of personal responsibility? I don't think so.（我々は個人の責任という概念を捨てるべきではないだろうか。私はそう思わない。）

❹ Ultimately, our brains are like cars: they might come in a variety of models, but they are all mechanical, rule-governed devices. The interaction of cars is called traffic. The interaction of people is called society. However, the very idea of a society implies the existence of responsibilities shared by all of its members. Traffic only occurs when there is more than one car on the road. Similarly, our responsibilities spring from our interactions with other people. Put simply, personal responsibility only exists as a public concept. It exists in a group, not in an individual. If you were the only person on earth, there would be no need for personal responsibility. The fact that brains are genetically determined does not change the fact that people create and follow rules when they live together; nor does neuroscience eliminate the need for a concept of free will.

❹ topic : responsibility and a concept of free will（脳の働き）

main idea : The fact that brains are genetically determined does not change the fact that people create and follow rules when they live together; nor does neuroscience eliminate the need for a concept of free will.（脳が遺伝子的に決定されているという事実は、人々が共に生きるときにルールを作ってそれに従うという事実を変えるものではない。神経科学が自由意志の概念の必要性を無くしてしまうこともまた、ないのである。）

Lesson 19

Lesson 19

　Speaker 3 の主張をまとめることにしましょう。

　ここでも 3 者共通の topic である「脳科学の最新知見と自由意志と個人の責任の問題」に沿って考えるべきです。彼が取り上げるのは、「神経科学」です。そこで得られた知見「脳が知性を制御している」（第 1 パラグラフ）を限定的に認めているものの、人間の行動を完璧に説明してはいないと考えています（第 2 パラグラフ）。従って、公的概念としての「個人の責任」はあるし、「自由意志」の概念も必要であるということになります。以上をまとめて書くと以下のようになります。

「神経科学の知見による行動の説明は一部にすぎず、『個人の責任』概念も『自由意志』概念も必要である。」

　Speaker 3 についても論旨展開の図を示しましょう。

>> 理論編 | >> 応用編

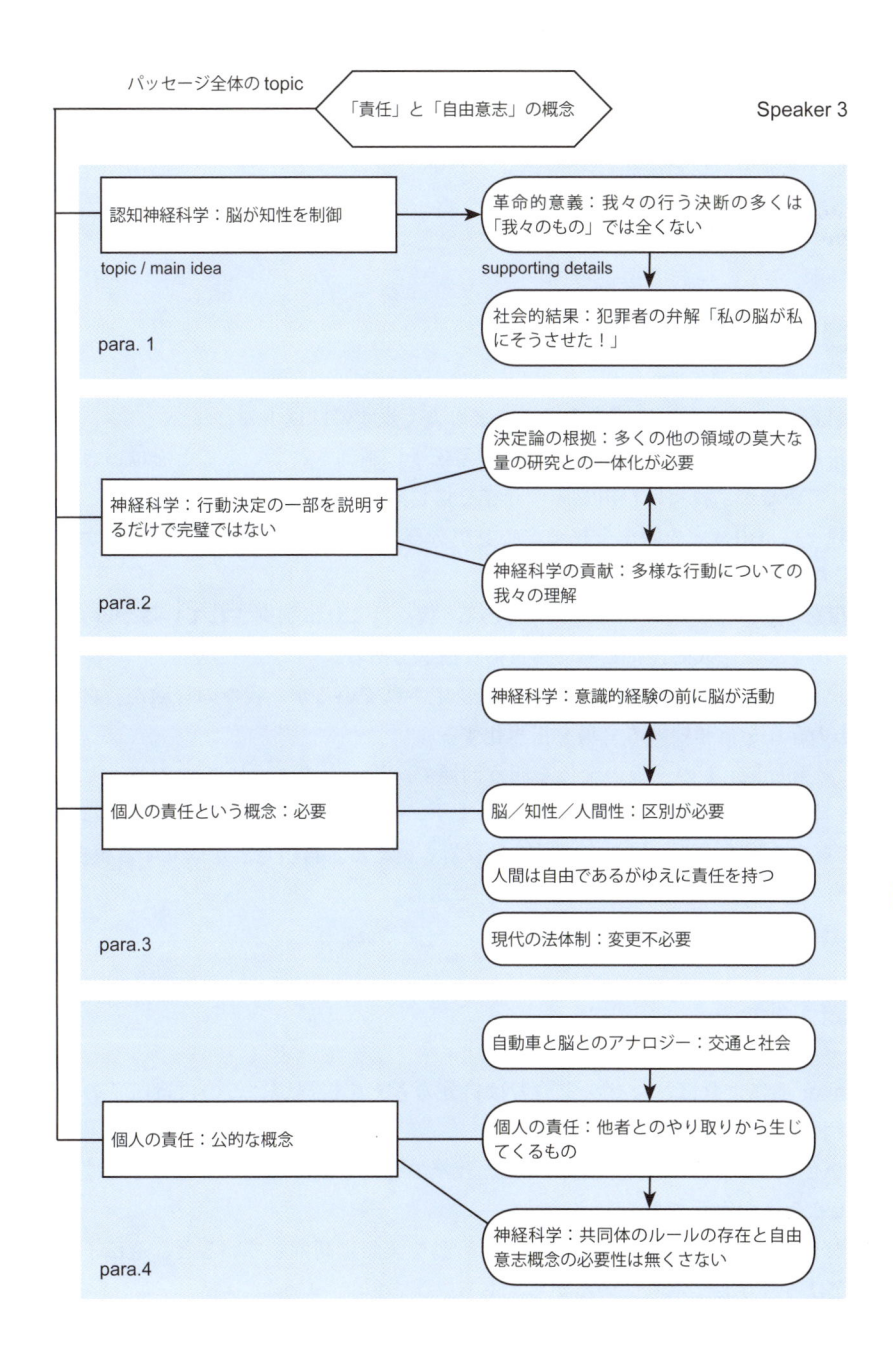

パッセージ全体のtopic:「責任」と「自由意志」の概念　　Speaker 3

para. 1
- topic / main idea: 認知神経科学：脳が知性を制御
- supporting details:
  - 革命的意義：我々の行う決断の多くは「我々のもの」では全くない
  - 社会的結果：犯罪者の弁解「私の脳が私にそうさせた！」

para. 2
- 神経科学：行動決定の一部を説明するだけで完璧ではない
  - 決定論の根拠：多くの他の領域の莫大な量の研究との一体化が必要
  - 神経科学の貢献：多様な行動についての我々の理解

para. 3
- 個人の責任という概念：必要
  - 神経科学：意識的経験の前に脳が活動
  - 脳／知性／人間性：区別が必要
  - 人間は自由であるがゆえに責任を持つ
  - 現代の法体制：変更不必要

para. 4
- 個人の責任：公的な概念
  - 自動車と脳とのアナロジー：交通と社会
  - 個人の責任：他者とのやり取りから生じてくるもの
  - 神経科学：共同体のルールの存在と自由意志概念の必要性は無くさない

Lesson 19

Lesson 19

正解

| A | ④ | B | ① | C | ③ | D | ④ | E | ② |
| F | ② | G | ③ | H | ⑦ | I | ⑤ |

解答・解説

A

正解 ④

設問・選択肢訳

speaker 1 の自由意志に関する考えを最もよく表すのは以下のどれか。
① 我々の経験は、我々が機械であり、遺伝子に制御されていることをはっきり示しているが、我々は自由意志の存在を信じ続ける。
② 我々は自由意志の観念を無くす必要がある。なぜなら、自由意志は無知から生じた幻想であるからだ。
③ 我々の脳は生物コンピューターである。我々はこれに制御されているがゆえに、自由意志は、人間性にとって本質的な概念である。
④ 我々の生活の一定の側面は遺伝子に決定されているが、我々の経験が、自由意志の存在を信じ続ける立場を正当化する。

解説 speaker 1 の主張の全体を問う問題である。上のように4つのパッセージの論旨展開を把握すれば容易である。まず、speaker 1 は、決定論に反対し自由意志概念を擁護する立場なので、②は反対と言える。自由意志が成立する根拠は、「経験の貯蔵による継続的な人格形成」である。

B

正解 ①

設問・選択肢訳

speaker 1 によれば、なぜ決定論者は自分の考えを根拠づけるのに遺伝子の研究を使おうと熱心になっているのか。
① なぜなら、今まで決定論者たちは、我々の行動を制御しているものを正確に示せなかったからである。
② なぜなら、我々の脳が全ての思考と行動を実際に制御していると、遺伝子研究がはっきりして示しているからである。

③ なぜなら、神経科学は、他の理論と組み合わせると、何か知られていないあるものが、実際に我々の行動を制御していることを証明しているからである。
④ なぜなら、運命論者とゴールド教授も、自由意志は時代遅れの考えだと断じているからである。

解説　第２パラグラフの内容に関係する問題である。決定論者たちは、what exactly does the determining?（まさにその決定は何によって行われるのか？）という問いに答えられず、have recruited science to their cause（科学を採用して自分たちの理由付けにした）とある。

C
正解 ③

設問・選択肢訳

speaker 2 によれば、ベンジャミン・リベットの実験が実証しているのはどのようなことか。
① 我々の脳は我々の遺伝コードによって制御されている。
② 我々の行動は我々の欲求によって決定されている。
③ 我々の行動は我々の脳によって決定されている。
④ 我々の遺伝子は、我々の脳と思考の両方を制御している。

解説　リベットの実験については、第２パラグラフと第４パラグラフで言及されているが、この問題は第２パラグラフに関係している。第２パラグラフの記述から明白である。the brains of Libet's subjects seemed to be preparing for action before the thought itself occurred.（リベットの被験者たちの脳は、行動の準備を、その行動についての考えが生じる前にしていたらしい。）と言われている。

D
正解 ④

設問・選択肢訳

speaker 3 によれば、最近の神経科学の研究の持つ一つの意味はどんなことになりそうか。
① こそ泥も殺人者もともに、自分の行動に責任はないと主張するかもしれない。なぜなら自分の脳は自らの道徳に制御されているからだ。
② 犯罪者の考えていることは理解しやすくなるだろう。というのも、どのように彼らの脳が彼らに革命的行動を起こさせているのか、我々は分かるであろうから。

Lesson 19

③ 社会における潜在的な変化は、結果として犯罪者たちがその脳を理由に責められる事態を生じるかもしれない。
④ 犯罪責任についての法的な議論は、被告人の脳をめぐる議論となるかもしれない。

解説 第1パラグラフの内容が解答の根拠となる。The implications of this research...（この研究の含む意義は…）以降の記述を参照すると見えてくる。

E

正解 ②

設問・選択肢訳

speaker 3 によれば、なぜ我々の脳は自動車にたとえられるのか。
① なぜなら、脳には色々なモデルがある。にもかかわらず、社会という観念には社会的責任が含意されている。
② なぜなら、脳も自動車同様いくつかの変化型がある。多数の自動車は一緒になって交通を生み出しているが、人々のやり取りは責任を生み出している。
③ なぜなら、自動車はあらかじめ機能を組み込んだ自動的な機械であり、ちょうど我々の脳に似ている。我々は、いろんな型の人間とやり取りするとき、個人の責任を生み出す。
④ なぜなら、我々の脳は、我々が自動車を運転するように、我々を制御している。だから、我々は皆、交通渋滞に責任がある。

解説 第4パラグラフの内容に関しての問題である。自動車がどのような意味で我々の脳の例えとなっているのかが問われている。こうした「たとえ話」を英語で analogy というが、これは、「難しいことを説明するためにより単純なものを引き合いに出して比べる」というやり方である。たとえば、大学のカリキュラム―基礎科目・専門科目・卒業論文―を説明するのに、フランス料理―オードブル・メインディッシュ・デザート―で例え話をするような場合である。analogy の中身を構成する要素を取り出して、対応関係を確認すると分かりやすい。ここでの自動車と脳の analogy における要素の対応関係は、以下のようなものであろう。

　　自動車：道路上の複数の自動車：交通
　＝脳：他者とのやり取り：社会（責任の存在）

F - I

正解 F ② G ③ H ⑦ I ⑤

設問・選択肢訳

3人の発言者のうち、以下の F 、 G 、 H 、 I の言い方に同意すると思われるのは誰か。答えを以下のリストから選択しなさい。

F 科学は、全ての人間行動が何らかの仕方で決定されていることを、最終的には示すだろう。

G 個人の責任を理解できるためには、自己と他者の間のやり取りを考慮する以外にない。

H 遺伝因子が、我々の人となりと行動に影響していることは明白である。

I 法体制は、神経科学の進歩によって影響されるべきではない。

解説 まず、今回の序文を除く部分、すなわち3人のspeakerの主張の概要部分は、3者のComparison & Contrast（比較と対比）の writing pattern であることを確認したい。そして、比較対象の次に大事な把握すべきことは、「比較の観点」であった。この設問は、その観点を四つ抽出して、「比較の結果」つまり、共通点・差異を判断させようという問題になっている。さて、その4つの観点とは、以下である。

(1) 決定論の真偽
(2) 責任概念の根拠としての他者とのやり取り（社会性）の存在
(3) 遺伝因子の行動への影響の有無
(4) 法体制の変更の是非

それでは、この4つの観点から3人の主張を比較する表を作ってみよう。肯定する立場を○、否定する立場を×で示すことにする。

比較の対象 / 比較の観点	speaker 1	paragraph	speaker 2	paragraph	speaker 3	paragraph
決定論の真偽	×	❷	○	❶	×	❷
責任の根拠としての社会性	言及なし		言及なし		○	❹
遺伝因子の行動への影響	○	❸	○	❶	○	❷
法体制の変更の是非	×	❸	○	❸	×	❸

このリストで明らかであるが、一点だけ、補足説明をしておこう。speaker 2 は、第3パラグラフで In the determinist view, personal responsibility can only be the sum total of an individual's interaction with others and with his or

Lesson 19

her environment.（決定論的見解において、個人の責任とは、他者及び環境との相互関係の総体でしかあり得ない。）と言っている。これは一見すると、G の Personal responsibility can only be understood by considering a person's interactions with others.（個人の責任を理解できるためには、自己と他者の間のやり取りを考慮する以外にない。）に同意しているかに思えるかもしれない。しかし、speaker 2 が、この箇所で言っている personal には、自由意志を持った存在という意味は含まれていないはずだ。つまり、今回の英文全体に共通する「自由意志が個人の責任の根拠である」という時の「個人」ではない。彼は、決定論者として、これを否定している。したがって「他者との相互関係」とは、自由意志を持つもの同士が相互に個人の責任を持ち合うという意味ではなく、「人が個人の責任として個人の自由意志に帰着させようとしているものは、単に外からの影響関係をいうにすぎない」ということであり、結局はそれに解消されてしまうのである。

理論編 | 応用編

Lesson 19

Lesson 19

> **Step 4**　　　　**Japanese translations**
> 英文と和訳の確認

CD 46 〜 47

❶ ① With the arrival of twenty-first-century brain science, many people are re-thinking their ideas about personal responsibility. ② Free will has been at the center of philosophical debates since the 16th century. ③ Today, however, science has made the key questions about free will even more controversial. ④ Are our thoughts in some way determined by our physical brains? ⑤ Is the free will we seem to experience just an illusion? ⑥ And if free will does not in fact exist, must we change our ideas about personal responsibility for our actions? ⑦ These are no longer just questions for philosophers. ⑧ They are occupying people from all walks of life—judges, politicians, lawyers, doctors, and scientists. ⑨ The following three opinions deal with the question of free will and individual responsibility.

Speaker 1

❶ ① Science will never eliminate the idea of free will. ② Regardless of any other considerations, free will is an essential concept if we are to hold and value the idea of personal responsibility. ③ All societies accept the idea of personal responsibility. ④ We all make our own choices. ⑤ Even alone on a desert island, one is always responsible for one's actions. ⑥ The burden of proof, therefore, lies with those who would argue that free will is in fact an illusion we have created through ignorance.

❶ ①21世紀の脳科学の到来とともに、個人の責任に関しての自分の考えを再考している人々が多くいる。②自由意志は16世紀以降哲学的議論の中心である。③しかし今日では、科学によって、自由意志に関する重要な問題が一層論争の的となっている。④我々の思考は、何らかの仕方で身体的な意味での脳に決定されているのだろうか？⑤我々が経験しているように思っている自由意志は、単なる幻想なのであろうか？⑥さらに、仮に自由意志が実は存在していないということになれば、自分の行動に対する個人的責任についての我々の考えを、変えなければならなのだろうか？⑦これらはもはや哲学者にとって問いであるだけではない。⑧あらゆる集団に属する人々が夢中になっている。裁判官、政治家、弁護士、医師、科学者たちである。⑨以下の三つの選択肢は、自由意志と個人の責任の問題に取り組んでいる。

Speaker 1

❶ ①科学によって自由意志ながなくなることは決してないだろう。②他にどんな考慮すべきことがあろうとそれに関係なく、我々が個人の責任という考えを持ち続け評価しなくてはならないとしたら、自由意志は本質的な概念である。③全ての社会が個人の責任という考えを認めている。④我々は皆、自分自身の選択を行っている。⑤たとえ無人島に1人でいても、常に自分の行動については責任がある。⑥それ故、立証責任があるのは、自由意志は実際無知から生み出された幻想だと主張する人の側である。

Lesson 19

CD 48～49

❷ ① However, few convincing proofs have been given so far. ② Those who refuse to accept free will believe we live in a world where every action, human and otherwise, is inevitable. ③ Yet they are always unable to answer one simple question: if determinism is true, what exactly does the determining? ④ Fate? ⑤ That seems a vague answer. ⑥ Predestination? ⑦ Do the stars or our blood types determine our behavior and destiny? ⑧ That explanation runs contrary to our experience. ⑨ In the face of this difficulty, determinists have recruited science to their cause, claiming that genes are the key to our destiny. ⑩ Stephen Jay Gould, by no means an advocate for genetic determinism, explained the theory by stating that "if we are programmed to be what we are by our genes, then our traits are unavoidable. We may, at best, guide them, but we cannot change them—either by will, education or culture."

❸ ① True enough, some body processes seem to be largely determined by our genes. ② For example, if someone has the gene for Huntington's disease, he or she will almost certainly get the disease. ③ But lawyers need not panic; clear cases of genetic determinism are the exception, not the rule. ④ Our courts of law already assign a strictly limited role to genetic explanations and data from neurological tests. ⑤ Further change to the system should not be necessary.

❷ ①しかしながら、これまでに挙げられた説得力ある証拠などほとんどない。②自由意志を認めようとしない人々が信じているのは、我々の住む世界において、人間のものであるかどうかは問わず全ての行為が必然的だということだ。③それなのに彼らがいつも答えられない一つの単純な問いがある。すなわち、決定論が正しいとするならば、まさにその決定は何によって行われるのか、という問いである。④運命の力？⑤これは曖昧な答えのようだ。⑥予定説を取る？⑦星や血液型が我々の行為と運命を決めている？⑧この説明は我々の経験と食い違う。⑨こうした困難に直面して、決定論者は、科学を採用して自分たちの理由付けにした。遺伝子が我々の運命のカギだと主張する。⑩ステファン・J・ゴールドは、決して遺伝子による決定論を主張しているわけではないが、この理論を説明した。彼の言うには、「もし我々が、遺伝子によって今の我々となるようにプログラムされているのなら、我々の持っている特質は避けようのないものである。我々がおこなうことは、せいぜいその特質を導くことである。がしかし、それを変えることはできない。意志によるものであれ、教育によるものであれ、文化によるものであれそうなのだ。」

❸ ①確かにその通りだ。身体的プロセスの中にはおおむね遺伝子によって決定されていると思われるものがある。②たとえば、ハンチントン病の遺伝子を持つ人がいたとしたら、その人はほぼ確実にこの病気になるだろう。③しかし、法律家がパニックになるような必要はない。遺伝子による決定を明確に示す事例は例外であって、お決まりのことではない。④我々の知る裁判所は、遺伝子による説明や神経学的テストから得られるデータに割り当てる役割を、既に厳しく限定している。⑤これ以上このシステムを変えることは必要ないはずだ。

Lesson 19

CD 50～51

❹ ① Our brains are more than organic computers, programmed by genetic codes simply to respond to and act on a variety of stimuli. ② They house "us"—our personalities. ③ All of our experiences, from our earliest years onwards, are recorded here, and those experiences continually shape us. ④ Most actual decisions and actions result from a lengthy process of interaction with other people and within our selves. ⑤ It is this process, as much as our genes, which helps our brains to make the millions of decisions that cause us to think and act. ⑥ Genes might build our brains, but we are more than our brains; we are creatures with individual memories and experiences, creatures with free will.

Speaker 2

❶ ① Everything which happens is inevitable. ② A causes B; C causes D; and together, B and D combine to cause E. ③ Free will has no role to play whatsoever. ④ My belief, called 'determinism', might seem inflexible, yet it is only an extension of ideas which most of us already accept. ⑤ Most of us happily agree with scientific explanations when the question is about the physical world. ⑥ We can accept a universe ruled by precise and ultimately understandable relationships between atomic and sub-atomic particles. ⑦ No one disputes that two parts of hydrogen combine with one part of oxygen to make water. ⑧ Yet that worldview implies that all chemical changes in our bodies are automatic. ⑨ Since the brain is made up of chemicals, mental functions cannot be free. ⑩ What we do in various circumstances is in no way chosen by "us", but determined by our genes and chemical signals. ⑪ These signals are influenced by food, air, smells, and other stimuli.

❹ ①我々の脳は、生物コンピューターを越えている。生物コンピューターは、遺伝子コードによってプログラムされており、多様な刺激に対して単に反応したり働きかけたりするだけだ。②我々の脳は、「我々」つまり我々の人間性を、貯蔵している。③我々の経験の全てが、とても幼い時期からこれまでずっと、ここに記録されている。そしてこれらの経験が途切れることなく我々を形成し続けている。④現実におけるたいていの決定と行動は、他者との間や自分自身の中での大変長い相互作用の結果生じたものである。⑤我々の遺伝子と同じぐらいに、このプロセスこそが我々の脳を助け、何百万もの決定を下させる。それによって我々は考えたり行動したりする結果となる。⑥遺伝子が我々の脳を形成するということはあるかもしれないが、我々は自分の脳を越えている。つまり、我々は個々に記憶と経験とを有する生き物であり、すなわち自由意志を有する生き物なのである。

Speaker 2
❶ ①生起する全てのことは不可避である。②AによってBが起き、CによってDが起きる。そして、それが合わさり、BとDは結合してEを起こす。③自由意志が果たす役割など何一つない。④私の信念は、「決定論」と呼ばれるものだが、柔軟でないと見えるかもしれない。しかし、これは、我々のほとんどが既に認めている考えを拡張したものにすぎない。⑤問題が物理的世界に関することであれば、我々のほとんどは喜んで科学的説明に同意する。⑥我々に認めることができる宇宙を支配しているのは、原子粒子と亜原子粒子の間の正確かつ最終的に理解可能な関係である。⑦水素からなる二つの部分に酸素からなる一つの部分が結合して水になるということに、異議を唱える人は誰もいない。⑧ところが、こうした世界観が含意するのは、我々の身体の全ての化学変化は自律的なものだということだ。⑨脳は化学物質でできているのだから、知的機能は自由ではあり得ない。⑩様々な状況において我々が行うことは、決して「我々」によって選択されるものではない。我々の遺伝子と化学信号によって決定されている。⑪これらの信号に影響するのは、食物や空気や匂い、その他の刺激である。

❷ ① Research shows that brain chemistry is more important than the so-called conscious mind. ② In the 1980s, Dr Benjamin Libet measured brain activity during voluntary hand movements, and found that before the hand actually moved, much brain activity took place. ③ In fact, the brains of Libet's subjects seemed to be preparing for action before the thought itself occurred. ④ Our brains, then, seem to make decisions unconsciously, before our minds become conscious of them. ⑤ Free will is an illusion.

❸ ① Do such experiments mean that we should radically reform our legal systems? ② Perhaps. ③ At the very least, we clearly need to rethink the legal criteria by which innocence and guilt are determined. ④ I do not reject the idea of personal responsibility, only the method of calculating it. ⑤ In the determinist view, personal responsibility can only be the sum total of an individual's interaction with others and with his or her environment.

❹ ① I do urge our society to take full note of what science is uncovering. ② Soon we will no longer require responsibility to be based on social customs and rules. ③ Libet himself said that his experiments showed only that the brain provided a stimulus towards action. ④ There is a short period of time, he claimed, when a person could exercise "free won't"—that is, when a person may stop a course of action proposed by the brain. ⑤ Nevertheless, Libet's experiments suggest that free will is an illusion; the more we know about the workings of the brain, the more it seems that our brains are operating without our conscious intervention. ⑥ Nonetheless, we continue to deceive ourselves and believe that we have free choice, because we simply do not have enough information about how decisions are actually made.

❷ ①研究によって明らかなのは、脳内化学成分はいわゆる意識よりも重要だということである。②1980年代に、ベンジャミン・リベット博士が、自発的に手を動かしている間の脳の活動を測定し、発見したことがある。手が実際に動く前に、多くの脳の活動が起きていたというのである。③実は、リベットの被験者たちの脳は、行動の準備を、その行動についての考えが生じる前にしていたらしい。④だとすれば、我々の脳は、無意識に決断しているように思われ、その後で我々の知性はその決断を意識するようになる。⑤自由意志とは幻想である。

❸ ①こうした実験の持つ意味は、我々の法体系を根本的に改革しなければならないということだろうか？②おそらくそうである。③最低限でも、無罪と有罪を決定する際の法的基準を考え直す必要があることは明白だ。④私が拒否しているのは個人の責任という観念ではない。ただそれを計算する方法だ。⑤決定論的見解において、個人の責任とは、他者及び環境との相互関係の総体でしかあり得ない。

❹ ①社会が、科学が明らかにしつつあることに十分な注意を払うようにと、私は強く促す。②自分たちが社会の慣習とルールに基づいていることに、責任を持ち出す必要がなくなるときが間もなく訪れる。③リベット自身の語るところによれば、彼の実験が示したのは、脳が行動に向かわせる刺激を与えているということにすぎない。④彼の主張では、人が「自由な、やらない意志」を行使できる一定の短い時間がある。すなわち、この時間の間は、人は脳によって提示された行動を止めることを許される。⑤にもかかわらず、リベットの実験は、自由意志が幻想であることを示唆する。脳の働きについて知れば知るほど、それだけ、脳が意識の介入なしに働いているように思えてくる。⑥それでもやはり、我々は、自分をだまして自由な選択があるように信じる。なぜなら、実際にどうやって決断がなされるのかについて、我々が持つ情報は十分なものではまったくないからである。

Lesson 19

Speaker 3

❶ ① Few areas of science today arouse as much controversy as cognitive neuroscience. ② The reasons for this controversy are not difficult to understand. ③ Over the last two decades, neuroscientists have been conducting various types of brain research. ④ Their findings prove that certain specific changes in our brains cause changes in our mind; in other words, the evidence shows that the brain controls the mind. ⑤ The implications of this research are potentially revolutionary. ⑥ Knowing that many of the decisions we make are not "ours" at all—they have been made by our brains, long before we have thought to act—could result in far-reaching social changes. ⑦ To give just one example, accused criminals in court might be able to use a whole new range of excuses. ⑧ "My brain made me do it!" might soon be both the first and last defense offered in matters ranging from shoplifting to murder most foul.

❷ ① Faced with this situation, a balanced approach is clearly desirable. ② Neuroscience, after all, is only one scientific field, and for the determinists' position to be fully accepted, its findings would have to be made to harmonize with a great amount of research in many other fields, including psychiatry and a variety of social sciences. ③ I strongly doubt, therefore, that science will ever provide a complete explanation for human behavior. ④ On the other hand, neuroscientists can make many valid contributions to our understanding of how various behaviors can arise. ⑤ Genetic variations can lead to personality changes, and there is evidence that certain brains are more aggressive than others. ⑥ Through chemical imbalances, for example, brain function can become distorted, causing certain violent or criminal behaviors.

Speaker 3

❶ ①今日の科学の領域の中で、認知神経科学ほど論議を巻き起こしているところはない。②どうしてこんな論議となっているのかの理由は、理解するのが難しくない。③この 20 年間にわたり、神経科学者たちは様々なタイプの脳研究を行っている。④彼らの発見によって証明されているのは、脳における何らかの特定の変化は我々の知性に変化を引き起こすということである。言い換えれば、脳が知性を制御していると、証拠が示している。⑤この研究の含む意義は、潜在的には革命的なものである。⑥我々の行う決断の多くは「我々のもの」では全くない—脳が決断を下してしまってからずっと後になって、我々は行動することを考える—こういうことが分かると、広範囲の社会的な結果を生じるかもしれないのである。⑦ほんの一例を挙げるならば、告訴された法廷の犯罪者は、あらゆる種類の新しい弁解を使用することができるかもしれない。⑧「私の脳が私にそうさせた！」は、まもなく最初と同時に最後の弁解となるかもしれない。それは、万引きからもっとも卑劣な殺人に至る事態において提出されるだろう。

❷ ①こうした状況に直面したとき、バランスの取れたアプローチが望ましいことは明らかだ。②結局、神経科学は一つの科学の領域にすぎない。だから、決定論者の立場が完全に認められるためには、神経科学の発見が、多くの他の領域の莫大な量の研究と、一体となるようにされる必要があるだろう。他の領域には、精神分析や様々な社会科学が含まれる。③この神経科学が人間の行動について完璧な説明を提供するなどということに、それ故、私は強い疑いを持つ。④一方で、神経科学者が多くの価値ある貢献をなし得るのは、多様な行動がいかに生じるかについての我々の理解にとってである。⑤遺伝子の相違は、人格の変化につながりうるし、一定の脳が別の脳より攻撃的だという証拠もある。⑥たとえば、化学的なアンバランスによって、脳の機能が歪められるようになり、ある種の暴力的ないし犯罪的行為を引き起こすことがあり得る。

Lesson 19

❸ ① Neuroscience tells us that by the time any of us consciously experience something, the brain has already done its work. ② Yet should we abandon the concept of personal responsibility? ③ I don't think so. ④ We need to distinguish between brains, minds, and personhood. ⑤ People are free, and therefore they are responsible for their actions; brains are not responsible. ⑥ There is absolutely no need, in my opinion, for us to change our existing legal systems in response to modern neuroscience.

❹ ① Ultimately, our brains are like cars: they might come in a variety of models, but they are all mechanical, rule-governed devices. ② The interaction of cars is called traffic. ③ The interaction of people is called society. ④ However, the very idea of a society implies the existence of responsibilities shared by all of its members. ⑤ Traffic only occurs when there is more than one car on the road. ⑥ Similarly, our responsibilities spring from our interactions with other people. ⑦ Put simply, personal responsibility only exists as a public concept. ⑧ It exists in a group, not in an individual. ⑨ If you were the only person on earth, there would be no need for personal responsibility. ⑩ The fact that brains are genetically determined does not change the fact that people create and follow rules when they live together; nor does neuroscience eliminate the need for a concept of free will.

❸ ①神経科学の教えるところでは、我々は誰でも意識的に何かを経験するまでに、既に脳が働いているという。②それでも、我々は個人の責任という概念を捨てるべきだろうか？③私はそうは思わない。④脳と知性と人間性の間を区別することが必要である。⑤人間は自由である、それ故人間は自分の行動に責任を持つのであって、脳が責任を持つわけではない。⑥私の意見では、我々が既存の法体制を現代の神経科学に応える形で変更することなど絶対必要ない。

❹ ①究極的には、我々の脳は自動車に似ている。様々なモデルがあるかもしれないが、全て機械的でルールに支配された道具である。②自動車同士のやり取りは交通と呼ばれている。③人間同士のやり取りは社会と呼ばれている。④しかし、社会というまさにその観念が含んでいる意味は、その構成員全てに共有される責任の存在である。⑤２台以上の自動車が道路上になければ、交通は起こらない。⑥同じように、我々の責任というものも、他者とのやり取りから生じてくるものだ。⑦単純に言えば、個人の責任は公的な概念としてしか存在し得ない。⑧責任は集団の中にあって個人の中にはない。⑨仮にあなたが地上で唯一の人間であるなら、個人の責任の必要性はないだろう。⑩脳が遺伝子的に決定されているという事実は、人々が共に生きるときにルールを作ってそれに従うという事実を変えるものではない。神経科学が自由意志の概念の必要性を無くしてしまうこともまた、ないのである。

Lesson 20

内容説明

Step 1 　Forms of questioning and reading skills 「設問形式」と「読解スキル」

- 設問形式　内容説明
- 必要スキル　wider contexts 　　：writing pattern の把握 🔺重要!
　　　　　　　　　　　　　　　　 passage 構成の把握 🔺重要!

　「内容説明」という設問形式は、前述の「内容一致／内容正誤」(p. 202) の問題と同様に多様な内容を問いかけます。「指示語説明」などの narrow context に関わるものから、「部分要約」と言えるほど広範囲の wider context の把握に基づくものまであります。「内容一致／内容正誤」との違いは、主に「記述式」か「選択式」かの解答形式の違いです。

　「和訳」、「内容説明」、「要約」の設問形式は、「記述式」であることが共通していますが、ともすると「どう上手に日本語の表現をするのか」ばかりに目を向けてしまいがちです。そのための「コツ」を習得しようと、「たくさん書いてたくさん添削指導を受ける」ことだけを重視する向きがありますが、それは間違いです。もちろん上手な日本語表現ができるに越したことはありませんが、これらの設問形式はあくまで英文の解釈を求めるものです。そこがしっかりできていなければ、「日本語表現を磨く」ことにほとんど意味はありません。

　さて、「内容説明」問題にフォーカスします。書く作業があるために、かなり厳しい時間との闘いになることもあります。英文の読み込みが足りないまま焦って書き始めることがないよう気をつけましょう。以下のような手順で進むことを勧めます。一度読んだだけですぐに答案作成に向かうことは無茶と言っていいでしょう。最低でも「2回通して読み、かつ解答に関係した箇所を精読する」ことが必要でしょう。

〈**手順1**〉1度目の読み。

　各パラグラフの topic を把握しつつ、英文全体の論旨展開をつかみます。topic に下線など引いておくと良いでしょう。細部にとらわれず、また、内容を「覚えよう」などとは思わず（覚えようとすると全体が見えなくなりがちです）、鳥瞰図的な全体把握を目指します。

〈**手順2**〉2度目の読み。

　1度目の読みでの topic 把握が正しいかを確認しつつ、main idea の特定を行いながらパラグラフごとに進みます。パラグラフを読み終わる度にちょっと立ち止まって考え、topic、main idea を確認した後に次のパラグラフに進む、というやり方を進めます。

〈**手順3**〉設問の文を熟読します。

　答えるべきポイントが一つではなく複数の場合もあります。たとえば「…について著者の主張の内容とその根拠を2つ…字以内で書きなさい。」などとなっていたら、i）話題、ii）それについての著者の主張内容、iii）その根拠1、iv）その根拠2、の4つを書かなければならないことになります。通常採点もこのポイントごとに何点と決められていることでしょう。設問文は最低2度は読みます。

〈**手順4**〉解答の根拠の箇所を特定します。

　ほとんどの場合、英文中の複数カ所にその説明問題に答えるための根拠の箇所があります。いくら良く読めていると思っても、頭に残っている内容だけで解答作成するのは危険です。高得点獲得のために、この「根拠となる箇所の特定」というステップは重要です。

〈**手順5**〉指定字数に合わせて答案を作成します。

　問題作成者が設問を作るとき、字数を決めてから模範解答を考えることは普通ありません。むしろ、模範解答を作ってみてから、それに少しだけ余裕を持たせた字数指定をするのではないかと思われます。ですから、指定字数の8割以上書くのが、おそらく正しい答えなのです。この作業は、普通「少なすぎるので増やす」ことにはなり得ません。「削除したり圧縮したりして字数に合わせる」ことになります。

　設問そのものが「例」を求めているのでない限り、具体例は入りません。同じ

Lesson 20

内容の繰り返しは避けます。たぶんこれで十分指定字数内に収まるはずですが、いよいよ困ったときには、文をなるべく名詞句化するなどして、圧縮します。たとえば、「環境の破壊がますます進み、エネルギーがさらに足らなくなることになったら、人類の未来は危機にさらされてしまうと予想される。」(60字) は、圧縮すれば「環境破壊の進行と更なるエネルギー不足は、人類の未来を危機にさらすだろう。」(36字) となります。

Step 2　Answering exam questions
入試形式の問題を解く

次の文章を読んで、下の設問に答えなさい。

❶ In 1976, two American researchers, Ellen Langer and Judith Rodin, gave a group of elderly nursing home residents a plant to care for. Another group in the same home were given plants, but told that nurses would take care of them. Three weeks later, those who had cared for their own plants reported much higher levels of happiness than those who hadn't; 18 months later, their health and levels of activity had improved and, most significantly, fewer of those residents had died.

❷ Happiness research has come a long way since (1) that landmark study, but what it proved has been shown time and again: having control over our lives, working towards a goal and caring for others, even for plants, can make us happier—and even extend our lives.

❸ Researchers have since hit upon a list of activities that improve our overall well-being. Many of them, such as gardening, have an almost instant effect: engaging in activities in which we can lose ourselves or, in psychological terms, achieve "flow"; taking up charitable work to make us less self-absorbed and more connected to the world around us; getting physical exercise; and focusing on pleasurable pastimes that use our key skills and create greater meaning in our lives.

❹ All these are invaluable ways to boost our mood, but achieving lasting happiness, most experts agree, depends ultimately upon understanding ourselves. If we can get to the root of who we are, and why, then true contentment will be ours. There's just the small question of how.

❺ For Sigmund Freud and his followers, conscious thought was but the tip of the iceberg: true understanding of the self lay in the unconscious and could be unlocked only with the help of a skilled practitioner. Psychoanalysis and psychotherapy continue to rely on the notion that our well-being depends on continually evaluating our past.

❻ However, there has been (2) a significant shift in the last 10 years, born of positive psychology and the rise of the self-help industry. And it is founded on the relatively novel idea that self-awareness doesn't have to be a process of endless reflection.

❼ The liberating notion that the solution to much of our discontent need not lie in the past forms the basis of cognitive behavioural therapy (CBT). The emphasis is on changing the way we think in the here and now, and breaking negative thought patterns. Mark Williams, professor of clinical psychology at Oxford University, uses a cognitive approach with depressive patients. One of the critical aspects that holds people back from happiness and keeps them vulnerable, he says, is their style of thinking. "They're more likely to react to a sad mood with large numbers of negative thoughts which leads to brooding and 'adhesive preoccupation'—that middle-of-the-night feeling when we're caught in a cycle of worry."

❽ If you've gone three times around the block on a problem, Williams says, then you're no stranger to adhesive preoccupation. And one of the worst preoccupations, ironically, is often, "Why aren't I as happy as I long to be?" "As soon as you start asking that question," Williams says, "it will almost certainly make you feel less happy." Instead he prescribes instant techniques to develop mindfulness, a behavioural antidote to our tendency to ruminate and catastrophise. "Mindfulness means cultivating awareness of what's going on externally and internally," he says. "It's influenced by the Buddhist idea of focusing your attention on the moment, without judgment."

❾ Williams teaches patients to "notice" emotions and physical sensations, without reflection or analysis; to simply "see" your thoughts coming and going. "If, say, you feel tired, spend a couple of minutes asking yourself, 'Why do I feel tired? What is it about 'me' that makes me feel tired? What are the potential consequences of feeling this tired?'" After two minutes, he says, most people will feel more tired. "Now try again, but this time notice you feel tired and make space for it; allow the experience to be there, but no more."

❿ Within eight weeks of following similar techniques, Williams says, people start to notice how the mind is drawn into fretful cycles of "What if?" scenarios, which mean we end up "living more in our head than we do in our life." In two research trials with people suffering recurring depressive episodes, mindfulness-based cognitive therapy halved the chances of depression returning.

⓫ Ultimately, mindfulness means paying much more attention to our thoughts, particularly the critical ones, and asking ourselves key questions. Would we let loved ones pass negative comment on our behaviour, intelligence or personality? Would we judge them as harshly as we do ourselves? Cognitive therapists encourage us to close the gap between our internal and external judgments, and become more accepting of ourselves.

⓬ There is one negative assumption that tends to make us more miserable than any other, Williams says; a belief that undoubtedly keeps the self-help industry afloat. "It's this tendency we all have of wanting things to be different from how they are right now. Ironically, letting go of that quest to be happy can offer a tremendous sense of relief."

⓭ American psychologist Albert Ellis, seen by many as the father of cognitive behavioural techniques, believed much of our unhappiness arises from (3) allowing our "wants" to turn into "musts"—as in I "must" be happy. "Pretty much every time a human being gets disturbed, they're sneaking in, consciously or unconsciously, a 'must'. That's what I call 'awfulising'," he wrote. We need to become more aware of our "musts," so we can let them go.

⓮ The restless quest to alter aspects of our lives is intimately linked to self-esteem. "In evolutionary terms, we don't have to worry about lions and tigers any more; instead we're constantly vigilant about (4) the modern-day predator, the person who will spot that we're no good," Williams says. "That generates a lot of preoccupation, and low self-esteem goes hand-in-hand."

⓯ The healthier our self-esteem, the less we tend to use words such as "me," "myself," "I"—that preoccupation with ourselves and what others think of us is an insight into how happy or not we feel. As psychotherapist Mark Tyrrell says, "Someone's mental health can be directly related to how 'self-referential' they are in their conversation—as people become healthier, they use 'I' less."

⓰ To draw us away from these negative thought cycles, positive psychologists emphasise the crucial role of focusing on the good aspects in our lives: recent research suggests that if we're grateful for what we have, we're likely to be happier, healthier and less vulnerable to depression.

❶ As glib and contrived as it may sound, focusing on what is good about our lives is a tried and tested behavioural technique that appears to have long-term benefits. "Gratitude diaries can really work," says Dr Ilona Boniwell, a senior lecturer in applied positive psychology at the University of East London. "In studies we've found that if you manage to write down three things each day that are going well, and do it for longer than a week, it will make a difference; levels of well-being rise even up to six months after completing written journals."

❽ (5) <u>The herculean challenge</u>, of course, is to bear all these techniques in mind without reflecting too deeply on what we don't have, and why we are not happier in the first place—as Williams says, this can be a fast track to brooding and yet more dissatisfaction. He suggests starting with the smaller details in life: training your poorly-disciplined mind not to wander away from the present moment. "If you're drinking a cup of tea, are you really enjoying that tea or planning what you'll be doing in half an hour? The problem is, we tend to plan, and to grade life: 'When I get home from the supermarket, then I can relax'; 'When I go on holiday, that's when life is good'; 'When I'm at work, that's when life isn't interesting'. But these are all moments of your life you're not living. It turns out that if we can be present right here and now, then happiness will follow."

1 下線部（1）that landmark study とはどのような内容のものか、80字以内の日本語で説明しなさい。

2 下線部（2）a significant shift とはどのようなことか、80字以内の日本語で説明しなさい。

3 Mark Williams が行った治療法に関して、どのような方法で行い、結果はどうだったのか、100字以内の日本語で説明しなさい。

4 下線部（3）allowing our "wants" to turn into "musts" とはどのようなことで、どのような結果をもたらすのか、70字以内の日本語で説明しなさい。

5 下線部（4）the modern-day predator とは何のことか、20字以内の日本語で説明しなさい。

6 下線部（5）The herculean challenge とは、(a) どのようなことか、また、(b) それを成し遂げるためにどうしたらよいと述べているか、それぞれ70字以内の日本語で説明しなさい。

Lesson 20

Step 3　Solutions
読解スキルからの解法

topic / main idea・論旨展開の把握

Step 1 の「手順」にしたがって解答を作成することを前提に解説しましょう。

● 〈手順1〉1 度目の読み。各パラグラフの topic と英文全体の論旨展開の把握。

今回はとてもパラグラフの数が多く、全体像を把握するのが困難と思ったかもしれません。次ページの図を見てみましょう。

全体の topic は、happiness research（幸福の研究）です。大きな枠組を見ると、意外にシンプルだと分かります。第 3 パラグラフまでのイントロダクションに続いて、この「幸福の研究」の中で大方の研究者が合意しているのは「幸福は self-understanding（自己理解）に基づく」ということだと述べられ、それが、これ以降のこの英文の topic となっていきます。「自己理解」について対立する 2 つの立場、精神分析とポジティブ心理学が紹介されますが、前者についてはこれ以降触れられることがありません。結局、第 6 パラグラフ以降は一貫してポジティブ心理学の立場における「自己理解」の考え方の紹介です。

著者は、あまり直接的には自分の主張を提示せず、「…が言うように」といった形で、他の研究者の見解の引用でつなげていきます。Williams をはじめとして、Ellis、Tyrrell、Boniwell の 4 人の見解が引かれていますが、いずれも、ポジティブ心理学あるいはその臨床的応用であると思われる「認知行動療法」の立場からの記述です。

>> 理論編 || >> 応用編

Happiness Research

- a piece of research by Ellen Langer and Judith Rodin - para. 1
- happiness research after the landmark study - para. 2
  - a list of activities that improve our overall well-being - para. 3
- happiness depending upon understanding ourselves - para. 4
  - psychoanalysis and its notion of well-being - para. 5 ⋯ however
  - positive psychology and its idea of self-awareness - para. 6
    - CBT: breaking negative thought patterns (Williams) - para. 7
      - focusing your attention on the moment (Williams) - para. 8
      - to "notice" emotions and physical sensations (Williams) - para. 9
      - mindfulness-based cognitive therapy (Williams) - para. 10
      - becoming more accepting of ourselves - para. 11
      - one negative assumption (the quest to be happy) (Williams) - para. 12
      - cognitive behavioural techniques and its idea of "awefullising" (Ellis) - para. 13
      - a lot of preoccupation and low self-esteem (Williams) - para. 14
      - how 'self-referential' they are in their conversation (Tyrrell) - para. 15
      - being grateful for what we have - para. 16
      - Gratitude diaries (Boniwell) - para. 17
      - starting with the smaller details in life (Williams) - para. 18

Lesson 20

255

Lesson 20

● 〈手順2〉2度目の読み。各パラグラフの topic、main idea の把握。では、パラグラフごとに確認していきましょう。

❶ In 1976, two American researchers, Ellen Langer and Judith Rodin, gave a group of elderly nursing home residents a plant to care for. Another group in the same home were given plants, but told that nurses would take care of them. Three weeks later, those who had cared for their own plants reported much higher levels of happiness than those who hadn't; 18 months later, their health and levels of activity had improved and, most significantly, fewer of those residents had died.

❷ Happiness research has come a long way since that landmark study, but what it proved has been shown time and again: having control over our lives, working towards a goal and caring for others, even for plants, can make us happier—and even extend our lives.

❶ topic : a piece of research by Ellen Langer and Judith Rodin(ランガーとロディンによる調査)

main idea : Fewer of those who were given a plant to care for died.（世話する植物を与えられた人は、比較的亡くなることが少なかった。）

❷ topic : happiness research after the landmark study（画期的な研究以降の幸福の研究）

main idea : Having control over our lives can make us happier（自分の生活をコントロールすると幸せになれる。）

❸ Researchers have since hit upon a list of activities that improve our overall well-being. Many of them, such as gardening, have an almost instant effect: engaging in activities in which we can lose ourselves or, in psychological terms, achieve "flow"; taking up charitable work to make us less self-absorbed and more connected to the world around us; getting physical exercise; and focusing on pleasurable pastimes that use our key skills and create greater meaning in our lives.

❹ All these are invaluable ways to boost our mood, but achieving lasting happiness, most experts agree, depends ultimately upon understanding ourselves. If we can get to the root of who we are, and why, then true contentment will be ours. There's just the small question of how.

❸ topic : a list of activities that improve our overall well-being（我々の全体的幸福感を改善する活動一覧）
main idea : Many of them have an almost instant effect（これらの活動の多くは、ほとんどすぐに効果を現す。）

❹ topic : happiness depending upon understanding ourselves（自己理解に左右される幸福）
main idea : Achieving lasting happiness depends ultimately upon understanding ourselves.（持続的な幸福感の達成を左右するのは、最終的に自分自身を理解していることである。）

Lesson 20

❺ For Sigmund Freud and his followers, conscious thought was but the tip of the iceberg: true understanding of the self lay in the unconscious and could be unlocked only with the help of a skilled practitioner. Psychoanalysis and psychotherapy continue to rely on the notion that our well-being depends on continually evaluating our past.

❻ However, there has been a significant shift in the last 10 years, born of positive psychology and the rise of the self-help industry. And it is founded on the relatively novel idea that self-awareness doesn't have to be a process of endless reflection.

---

❺ topic : psychoanalysis and its notion of well-being（精神分析と幸福の考え方）

main idea : Our well-being depends on continually evaluating our past.（幸福は常に自分の過去を評価し続けることに左右される。）

❻ topic : positive psychology and its idea of self-awareness（ポジティブ心理学と自己意識の考え方）

main idea : Self-awareness doesn't have to be a process of endless reflection.
（自己意識が、終わりのない反省のプロセスである必要はない。）

❼ The liberating notion that the solution to much of our discontent need not lie in the past forms the basis of cognitive behavioural therapy (CBT). The emphasis is on changing the way we think in the here and now, and breaking negative thought patterns. Mark Williams, professor of clinical psychology at Oxford University, uses a cognitive approach with depressive patients. One of the critical aspects that holds people back from happiness and keeps them vulnerable, he says, is their style of thinking. "They're more likely to react to a sad mood with large numbers of negative thoughts which leads to brooding and 'adhesive preoccupation'—that middle-of-the-night feeling when we're caught in a cycle of worry."

❼ topic : CBT: breaking negative thought patterns (Williams)（CBT: 否定的な思考パターンを打ち破ること）
main idea : The emphasis is on changing the way we think in the here and now, and breaking negative thought patterns.
（強調点は、今ここでの我々の考え方を変えること、そして否定的な思考パターンを打ち破ることに置かれる。）

Lesson 20

❽ If you've gone three times around the block on a problem, Williams says, then you're no stranger to adhesive preoccupation. And one of the worst preoccupations, ironically, is often, "Why aren't I as happy as I long to be?" "As soon as you start asking that question," Williams says, "it will almost certainly make you feel less happy." Instead he prescribes instant techniques to develop mindfulness, a behavioural antidote to our tendency to ruminate and catastrophise. "Mindfulness means cultivating awareness of what's going on externally and internally," he says. "It's influenced by the Buddhist idea of focusing your attention on the moment, without judgment."

❽ topic : focusing your attention on the moment (Williams)（瞬間に意識を集中させること）

main idea : Mindfulness means cultivating awareness of what's going on externally and internally（思慮深さとは、自分の外と内で何が起きているのかを意識できるようにすることを意味している。）

❾ Williams teaches patients to "notice" emotions and physical sensations, without reflection or analysis; to simply "see" your thoughts coming and going. "If, say, you feel tired, spend a couple of minutes asking yourself, 'Why do I feel tired? What is it about 'me' that makes me feel tired? What are the potential consequences of feeling this tired?'" After two minutes, he says, most people will feel more tired. "Now try again, but this time notice you feel tired and make space for it; allow the experience to be there, but no more."

❿ Within eight weeks of following similar techniques, Williams says, people start to notice how the mind is drawn into fretful cycles of "What if?" scenarios, which mean we end up "living more in our head than we do in our life." In two research trials with people suffering recurring depressive episodes, mindfulness-based cognitive therapy halved the chances of depression returning.

---

❾ topic : to "notice" emotions and physical sensations (Williams)（感情や身体の感覚を「意識するようになる」こと）

main idea : Williams teaches patients to "notice" emotions and physical sensations, without reflection or analysis.（ウィリアムズが患者に教えるのは、感情や身体の感覚を「意識するようになる」ことであり、このとき反省も分析もしないのである。）

❿ topic : mindfulness-based cognitive therapy (Williams)（思慮深さに基づく認知療法）

main idea : Mindfulness-based cognitive therapy halved the chances of depression returning.（思慮深さに基づく認知療法によって、鬱状態が繰り返される可能性が半分になった。）

Lesson 20

⓫ Ultimately, mindfulness means paying much more attention to our thoughts, particularly the critical ones, and asking ourselves key questions. Would we let loved ones pass negative comment on our behaviour, intelligence or personality? Would we judge them as harshly as we do ourselves? Cognitive therapists encourage us to close the gap between our internal and external judgments, and become more accepting of ourselves.

⓬ There is one negative assumption that tends to make us more miserable than any other, Williams says; a belief that undoubtedly keeps the self-help industry afloat. "It's this tendency we all have of wanting things to be different from how they are right now. Ironically, letting go of that quest to be happy can offer a tremendous sense of relief."

⓫ topic : becoming more accepting of ourselves（自分自身をもっと受け入れられるようになること）

main idea : Cognitive therapists encourage us to close the gap between our internal and external judgments, and become more accepting of ourselves.（認知療法を行う人が我々に勧めるのは、我々の、内に対しての判断と外に対しての判断の溝を埋めることである。そうして、自分自身をもっと受け入れられるようになることである。）

⓬ topic : one negative assumption (the quest to be happy) (Williams)（否定的な一つの仮定（幸福になろうという探求））

main idea : Letting go of that quest to be happy can offer a tremendous sense of relief.（幸せへの探求から解放されることで、とてつもない安堵感が得られる。）

●トフルゼミナール●

英語叢書シリーズ
好評！重版発売中

出版案内

**トフルゼミナール
英語教育研究所**

書籍についてのお問い合わせ・ご注文は

テイエス企画(株) 03-3207-7581(代)

〒169-0075 東京都新宿区高田馬場1-30-5 千寿ビル6F

URL	http://www.tofl.jp
E-mail	books@tsnet.co.jp

201303

英語叢書シリーズ　既刊一覧

41　PROCESS 3 英文読解の実践／野田尚文・寺田隆生著
テキスト　1,470円（CD付き）
センターレベルの英文を題材に、文脈把握を重視したトレーニングで評論・物語を読む力を養う。

42　PROCESS 4 英文読解の完成／野田尚文著
テキスト　1,680円（CD付き）
国公立・早慶レベルの英文を題材に、設問予測力を身につけるための読解スキルと設問形式を詳解。

43　トップ大合格への英文精読トレーニング／味岡麻由美著
テキスト　1,890円
読むための英文法（リーディング・グラマー）からパラグラフ・リーディングまで徹底演習する。

44　早稲田の英語／高木義人監修
テキスト　2,520円
全学部対応で学部併願者にも万全の1冊。明解な解説で早稲田英語の全体像を把握し実力を養成する。

45　早稲田国際教養の英語／野田尚文監修
テキスト　2,625円（CD付き）
第1部／一般入試編、第2部／AO入試編の2部構成。AO志望者のためのエッセイ・面接対策も充実。

46　早稲田国際教養の英語／野田尚文監修
テキスト　2,625円（CD付き）
第1部／一般入試編、第2部／AO入試編の2部構成。AO志望者のためのエッセイ・面接対策も充実。

47　慶應の英語／田村悦朗監修
テキスト　2,520円
出題傾向が異なる文学部編と経済・商法学部編の2部構成。入試対策とオリジナル予想問題で完全攻略。

48　慶應SFCの英語／野田尚文監修
テキスト　2,520円
「超長文」読解対策の要点を詳しく解説。問題演習編では本試験とほぼ同じ総合問題で実戦力を強化する。

49　上智の英語／阿部友直監修
テキスト　2,520円
高度な内容と問題量の多さが特徴の上智英語。本格的対策本として志望者の圧倒的支持を得ている。

50　ICUの英語／野田尚文監修
テキスト　2,625円（CD2枚付き）
ICU（国際基督教大学）対策のバイブル。特徴的な入試形式と言われるICU攻略のノウハウを満載。

⓭ American psychologist Albert Ellis, seen by many as the father of cognitive behavioural techniques, believed much of our unhappiness arises from allowing our "wants" to turn into "musts"—as in I "must" be happy. "Pretty much every time a human being gets disturbed, they're sneaking in, consciously or unconsciously, a 'must'. That's what I call 'awfulising'," he wrote. We need to become more aware of our "musts," so we can let them go.

⓮ The restless quest to alter aspects of our lives is intimately linked to self-esteem. "In evolutionary terms, we don't have to worry about lions and tigers any more; instead we're constantly vigilant about the modern-day predator, the person who will spot that we're no good," Williams says. "That generates a lot of preoccupation, and low self-esteem goes hand-in-hand."

⓭ topic : cognitive behavioural techniques and its idea of "awefullising" (Ellis)（認知行動療法テクニックと『恐怖化』の概念）

main idea : Much of our unhappiness arises from allowing our "wants" to turn into "musts"—as in I "must" be happy.（我々の不幸の多くは、「欲求」が「不可欠」に換わるのを許すことから生じている。それはちょうど、私は幸福で「なくてはならない」という言い方の中にある。）

⓮ topic : a lot of preoccupation and low self-esteem (Williams)（多くの執着と自尊心の低下）

main idea : The restless quest to alter aspects of our lives generates a lot of preoccupation, and low self-esteem goes hand-in-hand.（自分の生活の諸側面を変更しようという休みない探求は、多くの執着を生み出し、低くなった自尊心が、これと手を取り合って進んでいく。）

Lesson 20

⓯ The healthier our self-esteem, the less we tend to use words such as "me," "myself," "I"—that preoccupation with ourselves and what others think of us is an insight into how happy or not we feel. As psychotherapist Mark Tyrrell says, "Someone's mental health can be directly related to how 'self-referential' they are in their conversation—as people become healthier, they use 'I' less."

⓰ To draw us away from these negative thought cycles, positive psychologists emphasise the crucial role of focusing on the good aspects in our lives: recent research suggests that if we're grateful for what we have, we're likely to be happier, healthier and less vulnerable to depression.

⓯ **topic**: how 'self-referential' they are in their conversation (Tyrrell)（会話の中でどれだけ「自己言及的」か）

main idea: As people become healthier, they use 'I' less.（人は健康になるにつれて、「私は」を使うことが減っていく。）

⓰ **topic**: being grateful for what we have（自分の持つものに感謝すること）

main idea: If we're grateful for what we have, we're likely to be happier, healthier and less vulnerable to depression.（自分の持っているものに感謝の気持ちがあれば、それだけ我々は幸せで、健康で、抑鬱に対して弱いということがなくなる。）

⓱ As glib and contrived as it may sound, focusing on what is good about our lives is a tried and tested behavioural technique that appears to have long-term benefits. "Gratitude diaries can really work," says Dr Ilona Boniwell, a senior lecturer in applied positive psychology at the University of East London. "In studies we've found that if you manage to write down three things each day that are going well, and do it for longer than a week, it will make a difference; levels of well-being rise even up to six months after completing written journals."

⓱ topic : Gratitude diaries (Boniwell)（感謝の日記）

main idea : Gratitude diaries can increase levels of well-being.（感謝の日記を付けることで幸福のレベルを高められる。）

Lesson 20

❶⓱ The herculean challenge, of course, is to bear all these techniques in mind without reflecting too deeply on what we don't have, and why we are not happier in the first place—as Williams says, this can be a fast track to brooding and yet more dissatisfaction. He suggests starting with the smaller details in life: training your poorly-disciplined mind not to wander away from the present moment. "If you're drinking a cup of tea, are you really enjoying that tea or planning what you'll be doing in half an hour? The problem is, we tend to plan, and to grade life: 'When I get home from the supermarket, then I can relax'; 'When I go on holiday, that's when life is good'; 'When I'm at work, that's when life isn't interesting'. But these are all moments of your life you're not living. It turns out that if we can be present right here and now, then happiness will follow."

❶⓱ topic : starting with the smaller details in life (Williams)（生活の中の比較的小さな細部からはじめること）

main idea : He suggests starting with the smaller details in life: training your poorly-disciplined mind not to wander away from the present moment.（彼は、生活の中の比較的小さな細部からはじめることを勧めている。自分の鍛錬の足りない心を訓練することで、今のこの時から離れてとりとめもなくならないようにすることである。）

>> 理論編 || >> 応用編

解答例・解説

● 〈手順3~5〉設問文の把握、解答の根拠となる箇所の特定、指定字数に合わせた答案作成。ここからは、設問ごとに解説します。

1

解答例1 介護施設に提供された植物を、入居者自らが世話をすると、介護者が世話をした場合に比べて、幸福感・健康状態や活動のレベルの上昇、死亡率の低下といった効果を得た研究。(80字)

解答例2 老人ホームの居住者に世話をすべき植物を与えると、他の居住者よりもずっと高い幸福感を報告したのみならず、健康や活動状態も改善し、死亡率も減少したとする研究。(77字)

解説 that という指示形容詞がついているので、直前の第1パラグラフに解答の根拠があると推定する。第1パラグラフに study という語はないが、that landmark study が、ランガーとロディンの調査研究を指すことは間違いない。さて、ほぼ「第1パラグラフを要約せよ」という設問だと思って解答作成して良いわけだが、設問はこの研究の「内容」を求めている。従って、「誰が、いつ、どこで」行ったのかは、重要でない。固有名詞や数字を除き、この実験的研究の結果に集中して解答を作るべきである。

2

解答例1 フロイト学派の、幸福のためには自己の過去を査定し続けなくてはならないという考え方から、認知行動療法の、現在の否定的思考パターンを脱するべきという考え方への変換。(80字)

解答例2 幸福を得るために、過去について絶えず熟慮反省して自己を知る方法から、認知療法により今この瞬間の思考に意識を集中させ、否定的思考傾向を排除するという方法への移行。(80字)

解説 決定的に重要なのは、第6パラグラフ冒頭の However のつなぐ対比関係を、大きな論旨展開の中でつかむことである。手順1で確認したように、フロイトの精神分析の立場とポジティブ心理学の立場の対比である。つまりこの設問で言う shift とは、フロイト派精神分析(精神療法)からポジティブ心理学(認知行動療法)への転換である。もしも字数指定が40字程度なら、このことだけを書けば良い。しかし、80字ということは、「どういう立場からどういう立場へ」なのかの内容

Lesson 20

を含めなくてはならないことになる。フロイト派精神分析の立場の内容については、第5パラグラフを解答の根拠の箇所と特定すれば良い。問題は、ポジティブ心理学の立場について、どこまでの範囲を考えるべきかである。第6パラグラフには、ただ self-awareness doesn't have to be a process of endless reflection.（自己意識が、終わりのない反省のプロセスである必要はない）とあり、これはフロイト派精神分析の立場を否定しているだけなので、ポジティブ心理学（認知行動療法）の立場の積極的内容が分からない。従って、第7パラグラフ以降に解答の根拠の箇所を求めなくてはならない。The emphasis is...（強調されるのは…）という表現からも、changing the way we think in the here and now, and breaking negative thought patterns（今ここでの我々の考え方を変えること、そして否定的な思考パターンを打ち破ること）が、この立場の中核だと判断できる。第8パラグラフ以降も、最後までこの立場の内容が書かれているが、80字の指定で、そこまでの内容を含めることが求められていないと分かる。

3

解答例1 彼の治療法は患者に対し、熟慮や分析をせずに自分の感情や肉体的感覚にただ気付き、それを在りのまま受け入れるように指示するもので、周期的なうつに苦しむ患者に対して、再発の確率を半分にする成果があった。(98字)

解答例2 患者に、反省や分析を加えず感情と身体感覚に注意を向け、単に思考の生起消滅を見ることを教える。これにより「もし…となったら？」という思考の悪循環を自覚させ、抑鬱状態の繰り返しの可能性を半減させた。(97字)

解説 設問は、「Mark Williams が行った治療法に関して、どのような方法で行い、結果はどうだったのか」を求めている。つまり解答作成に必要な観点は2つである。

　i) この治療法の方法　　ii) この治療法の結果

i) については第9パラグラフに、ii) については第10パラグラフに、それぞれ解答の根拠となる内容があることを特定する。第9パラグラフの If, say, ... 以降の部分は、実例なので解答に含める必要がない。

4

解答例1 自分が単に「望んでいるもの」を自分にとって「絶対不可欠なもの」と思い込むこと。このような態度は我々の不幸の多くを引き起こす結果となる。(67字)

解答例2 心が乱されているようなときに、「欲していること」が「無くてはなら

ないこと」に変わってしまう。これによって、多くの不幸な気持ちが生じてくる。(69字)

解説 この設問も2つの観点を要求している。「allowing our "wants" to turn into "musts" とはどのようなことで、どのような結果をもたらすのか」

　　i) どのようなこと　　ii) どのような結果

である。i) については、wants と musts が、象徴的な表現であり、それぞれ何を意味するのか具体化しなくてはならない。解答の根拠の箇所は、もちろん第13パラグラフである。中でも、下線部（3）を含むセンテンスには、すでに ii) の内容 much of our unhappiness arises...（我々の不幸の多くは生じる…）が含まれている。また、同一センテンス中の I "must" be happy という表現から、musts は「…でなければならない」状態を意味することが分かる。すると同じように I "want" to be happy という形が想像されるので、wants は、「望んでいる」「欲している」状態だと類推できる。

5

解答例1 弱点を指摘して自尊心を傷つけるような人（19字）
解答例2 あなたは無価値である、と指摘してくる他者（20字）
解説 the modern-day predator を直訳すると、「現代の捕食者」である。原始時代のライオンやトラは人間を補食する可能性があったはずなので、文字通りに取れば、「現代において我々を食べようとする動物」になるが、幸福の心理学的研究を話題にする文章の中である以上、これが隠喩であることは明らかだ。しかし、この表現の直後に同格の（ということは同じことを言い換えた）名詞句があるので、解答の根拠の箇所はきわめて容易に見つかる。the person who will spot that we're no good（我々が少しも良くないということを見つけ出そうする人間）である。このままでも正答となるであろうが、no good というやや曖昧な表現を具体化した方が良い。この人間のもたらす「自尊心を傷つける」という影響が重要であるし、またそれゆえ、この no good には、おそらく「役立たず」というニュアンスが含まれているだろう。

6

(a)
解答例1 幸せになるための心の技を常に忘れず、自分にないものは何かだとか、自分はどうして幸せでないのかなど、深く反省しすぎないこと。(61字)

Lesson 20

解答例2　自分に欠如しているものや、何故もっと幸福でないのかについてあまり深く考え込まずに、自己肯定のための思考技法を心に留めて実践すること。(66字)

(b)

解答例1　日常の小さな事柄の中で、今という瞬間から離れないように心の訓練をし、物事を計画したり、日常の活動に評点を付けたりしないこと。(62字)

解答例2　現在から意識をそらして未来のことをあれこれ考えるのを止めて、ささいなことでも今この瞬間を楽しむように心掛けるとよい、と述べている。(65字)

解説　設問には、すでに「(a) どのようなことか、また、(b) それを成し遂げるためにどうしたらよいと述べているか」と2つの観点が指定されている。

(a)

　まず、The herculean challenge（ヘラクレス的難題）とは、どのような難題だろうか。ヘラクレスはギリシャ神話に登場し、数々の武勇伝があり、猛獣・怪物を退治した英雄である。つまり The herculean challenge は、とても骨の折れる、人並み外れた勇気と努力を必要とするような難題である。

　根拠の箇所を特定しよう。(a) は、この The herculean challenge に対する述語部分である。つまり、to bear all these techniques in mind without reflecting too deeply on what we don't have, and why we are not happier in the first place（これら全てのテクニックを忘れず、自分の持てないものや、そもそも第一にもっと幸福でないのはなぜなのかをあまりに深く考え込まないようにしないこと）である。ここで気をつけなければならないのは、all these techniques（これら全てのテクニック）の these という指示語をそのまま「これら」と書かないことである。内容説明問題の解答の中に、その解答の文章中のものを指していない指示表現は使うべきでない。それでは十分に「説明」したことにならないからだ。これ以前の文脈の中で、techniques と言えるよう性質のものを列挙してみよう。

(1) 今ここでの我々の考え方を変えること、そして否定的な思考パターンを打ち破ること（第7パラグラフ）
(2) 瞬間に意識を集中させること（第8パラグラフ）
(3) 感情や身体の感覚を「意識するようになる」こと（第9パラグラフ）
(4) 思慮深さ（第10パラグラフ）
(5) 自分自身をもっと受け入れられるようになること（第11パラグラフ）

⑹ 幸せの探求からの解放（第 12 パラグラフ）
⑺「欲求」が「不可欠」に換わるのを許さないこと（第 13 パラグラフ）
⑻ 我々を非難する者への警戒（第 14 パラグラフ）
⑼ 自分への執着を回避（第 15 パラグラフ）
⑽ 感謝の気持ちを持つこと（第 16・17 パラグラフ）

　もちろんこれらを全て答案の中で列挙することはできない。まとめて言うしかないのである。これらの「技術」の共通の効果は、第 7 パラグラフで言われている「否定的な思考パターンを打ち破ること」である。第 7 パラグラフの The emphasis is... という表現を思い出してもらいたい。ここでの「強調点」は、認知行動療法全般における強調点であった。「共通の効果」というまとめ方の他に「共通の目的」というまとめ方もある。この観点でいけば、これらのテクニックはいずれも幸福を実現するためのテクニックであった。結論として、all these techniques は、「幸せになるための心の技」「自己肯定のための思考技法」のいずれかのまとめ方が適切となる。

(b)

　(b) は、(a) を成し遂げるための方法を求めている。第 18 パラグラフの He suggests...（彼は勧める…）以降が解答の根拠の箇所として特定できる。ここにはいくつかの実例が挿入されているが、それを除いた一般論のポイントだけを抽出するとこうなる。

　⑴ 小さなことからはじめる
　⑵ 今の瞬間から離れない
　⑶ 計画したり評価したりしない（※これは積極的に勧めている上の 2 つほど重要度は高くない）

　これらを解答に盛り込めば完成ということになる。

Lesson 20

> **Step 4** ┈┈┈ **Japanese translations**
> 英文と和訳の確認

❶ ① In 1976, two American researchers, Ellen Langer and Judith Rodin, gave a group of elderly nursing home residents a plant to care for. ② Another group in the same home were given plants, but told that nurses would take care of them. ③ Three weeks later, those who had cared for their own plants reported much higher levels of happiness than those who hadn't; 18 months later, their health and levels of activity had improved and, most significantly, fewer of those residents had died.

❷ ① Happiness research has come a long way since that landmark study, but what it proved has been shown time and again: having control over our lives, working towards a goal and caring for others, even for plants, can make us happier—and even extend our lives.

❸ ① Researchers have since hit upon a list of activities that improve our overall well-being. ② Many of them, such as gardening, have an almost instant effect: engaging in activities in which we can lose ourselves or, in psychological terms, achieve "flow"; taking up charitable work to make us less self-absorbed and more connected to the world around us; getting physical exercise; and focusing on pleasurable pastimes that use our key skills and create greater meaning in our lives.

❹ ① All these are invaluable ways to boost our mood, but achieving lasting happiness, most experts agree, depends ultimately upon understanding ourselves. ② If we can get to the root of who we are, and why, then true contentment will be ours. ③ There's just the small question of how.

❶ ①1976年、2人のアメリカの研究者エレン・ランガーとジュディ・ロディンは、高齢者福祉施設に暮らすある人たちに、世話をしてあげなくてはならない植物を与えた。②同じ施設の別の人たちにも植物を与えたが、看護師がその植物を世話すると伝えた。③3週間後、自分たちのものである植物の世話をしてきた人たちの方が、そうでなかった人たちに比べて、幸福の程度がずっと高いと自ら報告していた。18カ月たった後、この人たちの健康状態は改善し、活動性のレベルも高くなった。そしてこれが最も重要なことだが、施設の居住者のうちこれらの人たちの中では、死亡した人が比較的少なかったのである。

❷ ①この画期的な研究以来、幸福についての研究は、ずいぶんと進んできたが、繰り返し示されてきたのは、最初の研究で証明されたことであった。それはつまり、自分の生活を自分でコントロールすること、目標に向かって活動するとか他者（植物であっても）の世話をするとかによって、私たちはより幸福になれる―さらには寿命が延びるという可能性である。

❸ ①以来ずっと研究者たちは、我々の幸福を全体的に改善する活動の一覧表を作ってきた。②これらの多くは、たとえばガーデニングのように、ほとんど間髪を入れずに効果を現すものである。我を忘れて没頭する、心理学の用語でいえば「フロー」状態を達成するような活動に携わることもそうであるし、慈善的な仕事を始めて、自分だけのことにそれほど囚われずに周りの世界と結びつきを持つこともそうである。体を動かして運動することもそうであるし、楽しく余暇を過ごしながら自分のもっとも大切な技能を使って、生活により大きな意味を生み出すこともそうである。

❹ ①これら全ては気分を盛り上げるには貴重なやり方だが、専門家のほとんどが声を揃えて言うには、持続的な幸福感の達成を左右するのは、最終的に自分自身を理解していることなのである。②自分が何者であり、またなぜそうなのかのルーツに到達できれば、その時真の満足が自分のものとなる。③どのようにしてなのかは小さな問題にすぎない。

Lesson 20

❺ ① For Sigmund Freud and his followers, conscious thought was but the tip of the iceberg: true understanding of the self lay in the unconscious and could be unlocked only with the help of a skilled practitioner. ② Psychoanalysis and psychotherapy continue to rely on the notion that our well-being depends on continually evaluating our past.

❻ ① However, there has been a significant shift in the last 10 years, born of positive psychology and the rise of the self-help industry. ② And it is founded on the relatively novel idea that self-awareness doesn't have to be a process of endless reflection.

❼ ① The liberating notion that the solution to much of our discontent need not lie in the past forms the basis of cognitive behavioural therapy (CBT). ② The emphasis is on changing the way we think in the here and now, and breaking negative thought patterns. ③ Mark Williams, professor of clinical psychology at Oxford University, uses a cognitive approach with depressive patients. ④ One of the critical aspects that holds people back from happiness and keeps them vulnerable, he says, is their style of thinking. ⑤ "They're more likely to react to a sad mood with large numbers of negative thoughts which leads to brooding and 'adhesive preoccupation'—that middle-of-the-night feeling when we're caught in a cycle of worry."

❽ ① If you've gone three times around the block on a problem, Williams says, then you're no stranger to adhesive preoccupation. ② And one of the worst preoccupations, ironically, is often, "Why aren't I as happy as I long to be?" ③ "As soon as you start asking that question," Williams says, "it will almost certainly make you feel less happy." ④ Instead he prescribes instant techniques to develop mindfulness, a behavioural antidote to our tendency to ruminate and catastrophise. ⑤ "Mindfulness means cultivating awareness of what's going on externally and internally," he says. "It's influenced by the Buddhist idea of focusing your attention on the moment, without judgment."

❺ ①ジークムント・フロイトや彼に従う人たちにとっては、意識的思考は氷山の一角にすぎない。自己についての真の理解は無意識の中にあり、熟達した分析医の助けがあって初めて明らかとなる。②精神分析と精神療法が持続して依拠してきた考えでは、幸福は常に自分の過去を評価し続けることに左右される。

❻ ①しかしながら、この10年間にある意義深い転換があった。この転換はポジティブ心理学と健康自己管理産業の台頭から生じた。②そして、このことは比較的新しい考えにその基礎を置く。自己意識が、終わりのない反省のプロセスである必要はないのだという。

❼ ①我々の持つ不満の多くについて、その解決策は必ずしも過去の中にある必要はないという、解放的な気分を与えてくれるような考えが、認知行動療法（CBT）の基礎をなしている。②強調点は、今ここでの我々の考え方を変えること、そして否定的な思考パターンを打ち破ることに置かれる。③オックスフォード大学臨床心理学教授のマーク・ウィリアムズは、憂鬱症患者に対して認知的なアプローチを使用している。④人々を、幸福から遠のいた場所にとどめ、傷つきやすい状態に置くことになる重大な側面の一つが、当人の考え方であると、彼は言う。⑤「彼らは悲しい気分に反応する傾向がより強い。この気分は多くの否定的な考えに伴われており、この気分のせいで、くよくよ考えたりすることになったり『執拗な執着』に至ったりする。これはつまり、次々と心配事にとらわれる真夜中の気分である。」

❽ ①ある問題を考えながら同じブロックを3回歩いて回ったことがあれば、執拗な執着ということに疎い人であることはまずない、ウィリアムズはそう言う。②そして、最悪の執着の一つは、皮肉なことだが「どうして自分はそうありたいと切に願うほどには幸福でないのか？」である場合が多い。③ウィリアムズはこう言っている。「こういう問いかけをし始めたとたん、より幸せじゃない気分にさせられるのは、ほぼ間違いない。」④こうならないで思慮深さを身につけるために、ウィリアムズはすぐに効くテクニックを処方している。それは、何度も思い巡らしたあげく一大事とばかりに大げさに考えてしまう傾向に対しての、行動による解毒剤である。⑤彼は言う。「思慮深さとは、自分の外と内で何が起きているのかを意識できるようにすることを意味している。この意識に影響するのは、仏教的考え方である。つまり、自分の意識を瞬間に集中させ、判断をしないことだ。」

Lesson 20

Lesson 20

❾ ① Williams teaches patients to "notice" emotions and physical sensations, without reflection or analysis; to simply "see" your thoughts coming and going. ② "If, say, you feel tired, spend a couple of minutes asking yourself, 'Why do I feel tired? What is it about 'me' that makes me feel tired? What are the potential consequences of feeling this tired?'" ③ After two minutes, he says, most people will feel more tired. ④ "Now try again, but this time notice you feel tired and make space for it; allow the experience to be there, but no more."

❿ ① Within eight weeks of following similar techniques, Williams says, people start to notice how the mind is drawn into fretful cycles of "What if?" scenarios, which mean we end up "living more in our head than we do in our life." ② In two research trials with people suffering recurring depressive episodes, mindfulness-based cognitive therapy halved the chances of depression returning.

⓫ ① Ultimately, mindfulness means paying much more attention to our thoughts, particularly the critical ones, and asking ourselves key questions. ② Would we let loved ones pass negative comment on our behaviour, intelligence or personality? ③ Would we judge them as harshly as we do ourselves? ④ Cognitive therapists encourage us to close the gap between our internal and external judgments, and become more accepting of ourselves.

⓬ ① There is one negative assumption that tends to make us more miserable than any other, Williams says; a belief that undoubtedly keeps the self-help industry afloat. ② "It's this tendency we all have of wanting things to be different from how they are right now. Ironically, letting go of that quest to be happy can offer a tremendous sense of relief."

❾ ①ウィリアムズが患者に教えるのは、感情や身体の感覚を「意識するようになる」ことであり、このとき反省も分析もしないのである。自分の考えが生じたりなくなったりするのをただ「見る」ことだという。②「たとえば疲れているとしよう。その時数分間自分にこう尋ねる。「どうして疲れを覚えるのだろうか？『わたし』のどこかで疲れを感じさせているものは一体何なのだろう？こんな疲れを感じていたら、それがもたらす潜在的結果はどんなものになるだろうか？」③ウィリアムズが言うには、これで２分もすれば、たいていの人は一層疲れを感じることになる。④「さてもう一度やってみよう。ただし今回は、自分が疲れていることを意識するようにし、そう意識するための余裕を持つ。この経験が存在することを容認し、しかしこれ以上に存在することは許さない。」

❿ ①ウィリアムズによると、これと似たテクニックに従っていれば、８週間以内に、みんな気づくようになる。「もし…だったらどうする？」というお決まりの展開を、イライラしながら繰り返す方に心が引き寄せられていた状態に気づくようになるのである。この展開が意味しているのは、結局のところ、「自分の人生の中で生きる以上に自分の頭の中で生きる」ことである。②繰り返される鬱病エピソードに苦しむ人たちに２回の臨床試験を行ったところ、思慮深さに基づく認知療法によって、鬱状態が繰り返される可能性が半分になった。

⓫ ①最終的に、思慮深さが意味するのは、自分の思考、とりわけ重大な考えにはるかに多くの注意を払うことであり、自分自身に重要な問いかけをすることである。②我々は、愛する人が、私たちの行動や知性や人格について否定的なことを言うのを許せるのではないだろうか？③我々は、愛する人を自分自身に対してと同じくらい厳しく判断するだろうか？④認知療法を行う人が我々に勧めるのは、我々の、内に対しての判断と外に対しての判断の溝を埋めることである。そうして、自分自身をもっと受け入れられるようになることである。

⓬ ①ウィリアムズによれば、一つの否定的な仮定が存在する。何よりもそのせいで我々はより惨めな気持ちにさせられる傾向にある。この信念のあるおかげで、健康自己管理産業が商売していられることは疑う余地がない。②「これは我々がみんな持っている傾向である。すなわち、状況が今と違うようになってほしいと望むことだ。皮肉なことだが、この幸せへの探求から解放されることで、とてつもない安堵感が得られる。」

Lesson 20

⑬ ① American psychologist Albert Ellis, seen by many as the father of cognitive behavioural techniques, believed much of our unhappiness arises from allowing our "wants" to turn into "musts"—as in I "must" be happy. ② "Pretty much every time a human being gets disturbed, they're sneaking in, consciously or unconsciously, a 'must'. ③ That's what I call 'awfulising'," he wrote. ④ We need to become more aware of our "musts," so we can let them go.

⑭ ① The restless quest to alter aspects of our lives is intimately linked to self-esteem. ② "In evolutionary terms, we don't have to worry about lions and tigers any more; instead we're constantly vigilant about the modern-day predator, the person who will spot that we're no good," Williams says. ③ "That generates a lot of preoccupation, and low self-esteem goes hand-in-hand."

⑮ ① The healthier our self-esteem, the less we tend to use words such as "me," "myself," "I"—that preoccupation with ourselves and what others think of us is an insight into how happy or not we feel. ② As psychotherapist Mark Tyrrell says, "Someone's mental health can be directly related to how 'self-referential' they are in their conversation—as people become healthier, they use 'I' less."

⑯ ① To draw us away from these negative thought cycles, positive psychologists emphasise the crucial role of focusing on the good aspects in our lives: recent research suggests that if we're grateful for what we have, we're likely to be happier, healthier and less vulnerable to depression.

❸ ①アメリカの心理学者のアルバート・エリスは、多くの人が認知行動療法テクニックの父と見なしている。その彼の信念はこうである。我々の不幸の多くは、「欲求」が「不可欠」に換わるのを許すことから生じている。それはちょうど、私は幸福で「なくてはならない」という言い方の中にある。②「人間が動揺すると、たいていいつでも、一つの「不可欠」を意識的もしくは無意識的に忍び込ませる。③これを私は『恐怖化する』と呼ぶ。」彼はこう書いていた。④我々は自分の「不可欠」をもっと意識するようになる必要がある。そうすることでそこから解放されうる。

❹ ①自分の生活の諸側面を変更しようという休みない探求は、自尊心と親密に関係している。②「進化の観点からすれば、我々はもはやライオンやトラを恐れる必要がない。その代わり常に警戒しておかなければならない現代の捕食者がいる。我々が良くないということを見つけ出そうする人間である。」ウィリアムズはこのように言う。③「これによって多くの執着が生み出され、自尊心を下げることと手を取り合って進んでいく。」

❺ ①自尊心が健全な状態であれば、それだけ「私を」「私自身」「私」といった言葉を使う傾向がなくなる。自分自身や他人が自分をどう思うかに執着している程度は、我々がどれくらい幸せを感じているか否かを洞察させるものとなる。②心理療法家のマーク・ティレルが言うように、「ある人が健康的かどうかは、その人が会話の中でどれだけ『自己言及的』か、ということと直接関係がある場合がある。人は健康になるにつれて、『私は』を使うことが減っていく。」

❻ ①こうした否定的な思考のサイクルから自分を引き離しておくために、ポジティブ心理学者が強調していることがある。それは、我々の生活の良い側面に焦点を当てることが担う、重大な役割である。最近の研究が示唆するように、自分の持っているものに感謝の気持ちがあれば、それだけ我々は幸せで、健康で、抑鬱に対して弱いということがなくなる。

Lesson 20

⑰ ① As glib and contrived as it may sound, focusing on what is good about our lives is a tried and tested behavioural technique that appears to have long-term benefits. ② "Gratitude diaries can really work," says Dr Ilona Boniwell, a senior lecturer in applied positive psychology at the University of East London. ③ "In studies we've found that if you manage to write down three things each day that are going well, and do it for longer than a week, it will make a difference; levels of well-being rise even up to six months after completing written journals."

⑱ ① The herculean challenge, of course, is to bear all these techniques in mind without reflecting too deeply on what we don't have, and why we are not happier in the first place—as Williams says, this can be a fast track to brooding and yet more dissatisfaction. ② He suggests starting with the smaller details in life: training your poorly-disciplined mind not to wander away from the present moment. ③ "If you're drinking a cup of tea, are you really enjoying that tea or planning what you'll be doing in half an hour? The problem is, we tend to plan, and to grade life: 'When I get home from the supermarket, then I can relax'; 'When I go on holiday, that's when life is good'; 'When I'm at work, that's when life isn't interesting'. But these are all moments of your life you're not living. It turns out that if we can be present right here and now, then happiness will follow."

❼ ①口先だけでわざとらしいと思われるかもしれないが、自分の生活の良いところに焦点を当てるというのは、十分に試行された行動療法であり、長期的な効果を持つものと思われる。②「感謝の日記を付けることが、本当に役に立つ場合がある」とイロナ・ボニウエル博士は言う。彼女は、イースト・ロンドン大学の応用ポジティブ心理学上級講師である。③「いくつかの研究で分かったことがある。毎日うまくいっていることをなんとか三つ書き留めることができれば、そして、それを１週間以上続けてやれば、違いが出てくる。幸福のレベルの上昇は、日記を書き終えたあと６カ月までも、続いていく。

❽ ①もちろん、ここにはヘラクレス並みの難題がある。これら全てのテクニックを忘れず、自分の持てないものや、そもそも第一にもっと幸福でないのはなぜなのかをあまりに深く考え込まないようにしなくてはならない。ウィリアムズの言うように、このせいで、塞ぎ込みや更なる不満足へまっしぐらということになりかねない。②彼は、生活の中の比較的小さな細部からはじめることを勧めている。自分の鍛錬の足りない心を訓練することで、今のこの時から離れてとりとめもなくならないようにすることである。③「一杯のお茶を飲んでいるとき、本当にそのお茶を楽しんでいるだろうか、それとも 30 分後には何をすることになるのか計画しているだろうか？問題は、我々は傾向として、計画したり生活を段階評価したりするということだ。『スーパーマーケットから帰宅したらリラックスできる。』『休暇で出掛ければ、その時には生きてることが楽しい。』『仕事をしていれば、その時には生きてることは面白くない。』しかし、こういう場合の生活の全ての瞬間において、あなたは生きていない。今ここに我々が存在していることができれば、その時幸せはついてくるものなのだということになる。」

Process 4
英文読解の完成

《応用編》
読解スキルからの解法

Unit 9
passage の構成と要旨の把握

Lesson 21 要約選択／要約記述 284

Lesson 21

要約選択／要約記述

Step 1　Forms of questioning and reading skills
「設問形式」と「読解スキル」

- **設問形式**　要約選択／要約記述
- **必要スキル**　wider contexts　　：writing pattern の把握 **重要!**
　　　　　　　　　　　　　　　　　　passage 構成の把握 **重要!**

　最後に「要約」を求める記述式問題に取り組みます。
　要約文を選択する「選択肢式」の設問形式もあり得ますが、アプローチは同じです。選択肢同士の比較をいくら精緻に行っても正解は得られません。正しくは、頭の中に「適切な要約文」ができており、それと選択肢の一つ一つを比較していくことになります。要するに、「要約」問題は、選択肢式であっても正解するためには「記述式」の適切な解答が作れるだけの実力が必要なのです。そこで今回は記述式の要約問題のみを取り上げます。

　さて、記述式の要約問題へのアプローチを確認しておきましょう。「内容説明問題」の場合に提示した手順 1 と手順 2 は、共通です。すなわち、

〈手順 1〉1 度目の読み。
　各パラグラフの topic を把握しつつ、英文全体の論旨展開をつかみます。

〈手順 2〉2 度目の読み。
　1 度目の読みでの topic 把握が正しいかを確認しつつ、main idea の特定を行ないながらパラグラフごとに進みます。

　さて、ここからが違いますね。

〈手順 3〉アウトラインを作成します。

チェックしたパラグラフごとの main idea の箇所を参照しながら、要約のアウトラインを箇条書きにします。つまり、書くべき事柄を項目的にメモするのです。たとえば、以下のようになります。（これは「内容説明」の練習問題の題材を例としています。）最低限の項目だけとしてみましたが、時間があればもう少し内容を詳しく書いたほうがよいでしょう。

〈幸福の研究〉
　　I.　　「画期的研究」の概要
　　II.　　「画期的研究」以後の進展
　　　　　1. 概要
　　　　　2. 幸福を促進する具体的活動
　　III.　　自己理解に基づく幸福感
　　　　　1. 精神分析（精神療法）：過去評価に向かう
　　　　　2. ポジティブ心理学（認知行動療法）：今ここに集中して否定的思考パターンを打ち破る
　　　　　　　(1) 瞬間への意識集中
　　　　　　　(2) 思慮深さ
　　　　　　　(3) 自己の受け入れ
　　　………

　基本的には、各パラグラフの topic、main idea を簡略に表現し、それを、重要度を考えながら階層化します。手順1と2でパラフラフとパラグラフの間の内容構成上の関係を把握していないと上手く作れません。

〈手順4〉手順3で作ったメモを基にしながら文章化します。
　基本的にはメモの順序（英文の書かれている内容の順序）に沿って文章化しますが、「こう組み替えたほうが全体像が分かりやすい」と思ったら、入れ替えることも不可ではありません。

Lesson 21

Step 2 — Answering exam questions
入試形式の問題を解く

次の文章を読み、後の設問に答えなさい。

❶ Delivering water to households and removing wastewater from them, declared a recent *Economist* survey, is best done by treating water 'as a business like any other'. This is also the conclusion of a March 2003 report on the financing of water schemes by a panel set up by the World Water Council (WWC), chaired by Michel Camdessus, a former managing director of the International Monetary Fund (IMF). A panel full of bankers and international corporate representatives could be expected to think along those lines. But should consumers of water services be treated like consumers of other goods and utilities, some of which may be basic but not fundamental to human existence?

❷ The idea that access to something so essential as water should be left to the mercy of the market has been greeted with outrage. But does this mean there is no role for private services, or that pipes and pumps should all be free? That would be equally absurd.

❸ Many ancient towns and cities had—some still have—informal systems of water provision where people pay. In Bhuj, Gujarat, the shops in the market alleyways buy their water daily by the container or can. In Merca, Somalia, and other towns in the dusty Horn of Africa, water collection and distribution still keeps a host of donkey cart owners and their boys in business. As the city fabric becomes more sophisticated, modern works take over. But major problems arise with an extremely rapid pace of urbanization and with the high proportion of citizens living in slum and squatter*[1] areas. As new shanty-towns*[2] spring up, public service utilities originally designed to provide services for a few hundred thousand people have been overwhelmed by populations soaring into the millions. Those in the poorer end of town cope as best they can.

❹ The unsatisfactory state of water services in fast-growing cities has been obscured by the way the authorities describe 'service coverage'. In Africa, 85 percent of the urban population is reported as having access to improved water services and in Asia and Latin America, the proportion is 93 percent. These figures are based on dubious notions, such as that a tap every 200 meters equals 'universal access' to water. While in the countryside this might be acceptable, in a crowded slum with hundreds of dwellings dependent on one tap, it is not. Studies show that despite the claims of many cities in Asia and Africa to provide improved services to over 90 percent of inhabitants, between 30-50 percent have very inadequate services. Less than half the inhabitants of cities in Africa have water piped to their homes.

❺ Since local utilities cannot provide a reasonable or in some cases even a minimal service—if squatters are 'illegal' the authorities usually provide no service at all—people in the poorer parts of town are often exploited by private operators. No doubt the growth of public utilities in 19th century Europe and North America came about in part from the need to deal with this kind of unregulated and exploitative practice. In the late 20th century, when urbanization was taking place even more rapidly in developing countries, the lessons drawn were different.

❻ The conclusion should have been that the political economy of water services in the industrialized world was unsuitable and unaffordable for the straining urban fabric in Africa, Asia, and Latin America, and that locally adapted options should be encouraged to emerge. There were many issues surrounding how to build and pay for vital services in problematic urban environments. But they all became submerged by belief in the prevailing dogma about markets and privatization.

注）　*1　squatter：建物や公有地などの無断居住者
　　　*2　shanty-town：都市のほろ屋地区、貧民街、ほろ屋の多い都市

全体の議論を200〜280字の日本語で要約しなさい。句読点も1字に数える。

Lesson 21

> **Step 3**   Solutions
> 読解スキルからの解法

topic / main idea・論旨展開の把握

● 〈手順1〉1度目の読み。各パラグラフの topic と英文全体の論旨展開を把握しましょう。

　今回の英文の全体の topic は、つかみやすいでしょう。6つの全てのパラグラフに共通する話題は、「水の供給方法」です。ところで、要約を行うとき常に持ってほしい観点の区別があります。それは、以下のようなものです。

(1) 事実を述べる：「かつてこうだった」「こうなっている」「こうなるだろう」いった内容で、よい／わるいの区別、つまり価値判断を含まない。

(2) 当為を述べる：「当為」というのは「…べきである」「…べきでない」といった内容で、よい／わるいの区別、つまり価値判断を含んでいる。

　今回も、発展途上国の「水の供給方法」が、「どうであったか」や「どうであるのか」を述べている部分と、「どうすべきか」の意見を述べている部分に分かれています。前者が「事実を述べる」、後者が「当為を述べる」部分です。今回問題にされている「ある（なす）べきこと」は、発展途上国の水の供給方法ですが、著者が批判している「独断的な意見」と著者自身の意見の対比が明瞭になっています。（厳密には、「意見」は、著者を含めて3つの立場が比較されています。）

　次の図を見てください。水の供給方法についての「現状」と「意見」に分ける観点を持つと全体像を把握し易いでしょう。

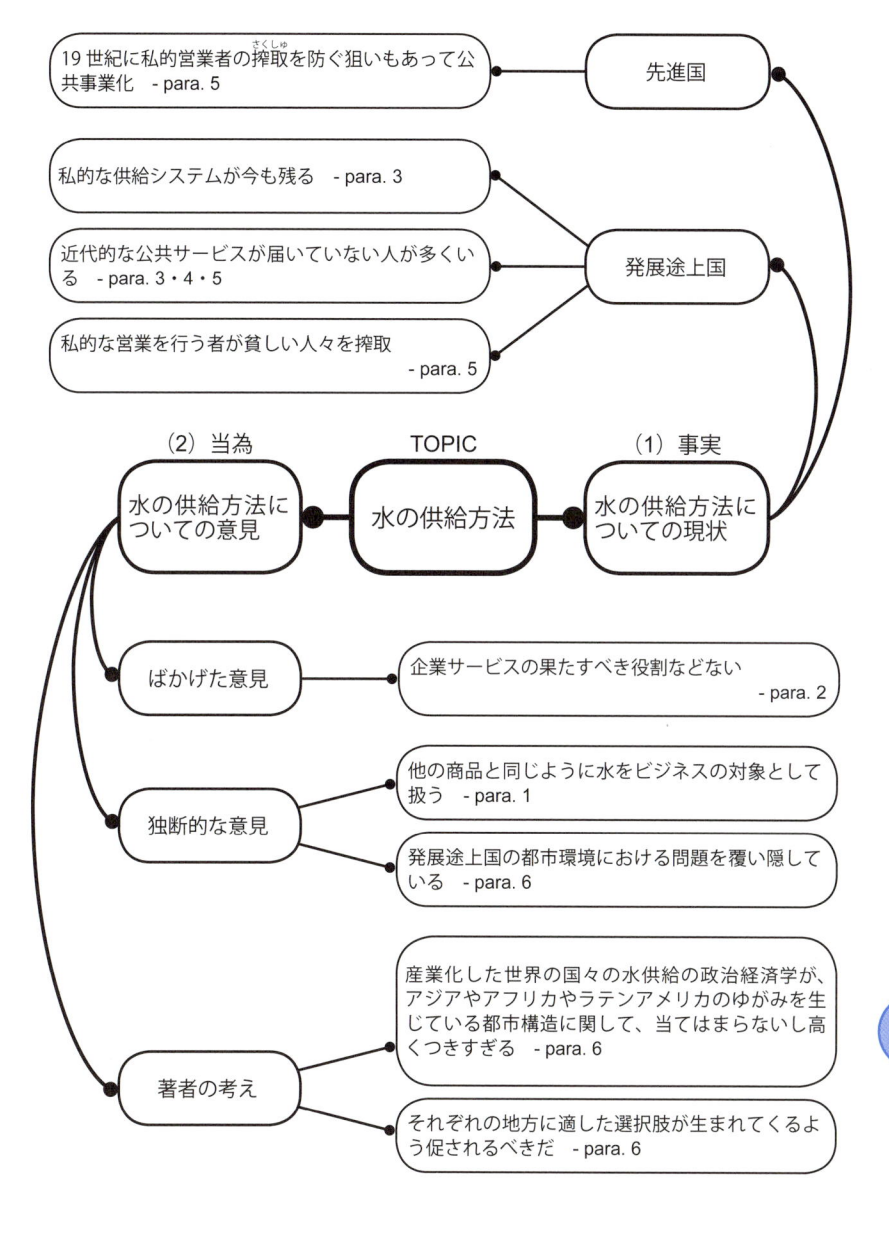

```
                                                    >> 理論編  ||  >> 応用編

  ┌─────────────────────────────────┐
  │ 19世紀に私的営業者の搾取を防ぐ狙いもあって公  │──┐      ┌──────┐
  │ 共事業化  - para. 5             │  └──────│ 先進国 │──┐
  └─────────────────────────────────┘         └──────┘  │
                                                         │
  ┌─────────────────────────────────┐                    │
  │ 私的な供給システムが今も残る  - para. 3  │──┐         │
  └─────────────────────────────────┘  │         │
                                        │         │
  ┌─────────────────────────────────┐  │  ┌────────┐   │
  │ 近代的な公共サービスが届いていない人が多くい  │──┼──│ 発展途上国 │──┤
  │ る   - para. 3・4・5            │  │  └────────┘   │
  └─────────────────────────────────┘  │                │
                                        │                │
  ┌─────────────────────────────────┐  │                │
  │ 私的な営業を行う者が貧しい人々を搾取         │──┘                │
  │                          - para. 5 │                   │
  └─────────────────────────────────┘                     │
                                                           │
          (2) 当為          TOPIC         (1) 事実         │
      ┌──────────┐    ┌──────────┐    ┌──────────┐       │
      │ 水の供給方法に │────│ 水の供給方法 │────│ 水の供給方法に │──┘
      │ ついての意見  │    └──────────┘    │ ついての現状  │
      └──────────┘                        └──────────┘
           │
           ├──┌────────┐    ┌─────────────────────────┐
           │  │ ばかげた意見 │────│ 企業サービスの果たすべき役割などない    │
           │  └────────┘    │                      - para. 2 │
           │                  └─────────────────────────┘
           │
           │  ┌────────┐    ┌─────────────────────────┐
           │  │          │────│ 他の商品と同じように水をビジネスの対象として │
           ├──│ 独断的な意見 │    │ 扱う  - para. 1                 │
           │  │          │    └─────────────────────────┘
           │  └────────┘    ┌─────────────────────────┐
           │                  │ 発展途上国の都市環境における問題を覆い隠して │
           │                  │ いる  - para. 6                 │
           │                  └─────────────────────────┘
           │
           │                  ┌─────────────────────────┐
           │                  │ 産業化した世界の国々の水供給の政治経済学が、 │
           │  ┌────────┐    │ アジアやアフリカやラテンアメリカのゆがみを生 │
           │  │          │────│ じている都市構造に関して、当てはまらないし高 │
           └──│ 著者の考え  │    │ くつきすぎる  - para. 6            │
              │          │    └─────────────────────────┘
              └────────┘    ┌─────────────────────────┐
                              │ それぞれの地方に適した選択肢が生まれてくるよ │
                              │ う促されるべきだ  - para. 6           │
                              └─────────────────────────┘
```

Lesson 21

Lesson 21

● 〈手順2〉2度目の読み。各パラグラフのtopic、main ideaの把握。では、パラグラフごとに確認していきましょう。

❶ Delivering water to households and removing wastewater from them, declared a recent *Economist* survey, is best done by treating water 'as a business like any other'. This is also the conclusion of a March 2003 report on the financing of water schemes by a panel set up by the World Water Council (WWC), chaired by Michel Camdessus, a former managing director of the International Monetary Fund (IMF). A panel full of bankers and international corporate representatives could be expected to think along those lines. But should consumers of water services be treated like consumers of other goods and utilities, some of which may be basic but not fundamental to human existence?

❷ The idea that access to something so essential as water should be left to the mercy of the market has been greeted with outrage. But does this mean there is no role for private services, or that pipes and pumps should all be free? That would be equally absurd.

❶ topic : treating water 'as a business like any other'（水を他と同じようなビジネスとして扱うこと）

main idea : Should consumers of water services be treated like consumers of other goods and utilities?（水の供給を受ける消費者というものは、他の商品やサービスの消費者と同様な扱いを受けるべきなのだろうか？）

❷ topic : access to water（水の入手）

main idea : Even though it shouldn't be left to the mercy of market, the idea that there is no role for private services would be equally absurd.（水の入手を市場のなすがままに任せるべきではないとしても、企業サービスの果たす役割はないと考えるとしたらそれも同じくらいばかげている。）

＊そのままでmain ideaを表す一つのセンテンスがないので、つなぎ合わせている。

❸ Many ancient towns and cities had—some still have—informal systems of water provision where people pay. In Bhuj, Gujarat, the shops in the market alleyways buy their water daily by the container or can. In Merca, Somalia, and other towns in the dusty Horn of Africa, water collection and distribution still keeps a host of donkey cart owners and their boys in business. As the city fabric becomes more sophisticated, modern works take over. But major problems arise with an extremely rapid pace of urbanization and with the high proportion of citizens living in slum and squatter areas. As new shanty-towns spring up, public service utilities originally designed to provide services for a few hundred thousand people have been overwhelmed by populations soaring into the millions. Those in the poorer end of town cope as best they can.

❸ topic : modern systems of water provision taking over old informal ones（古くからある私的な水供給の方法に取って代わりつつある近代的な方法）

main idea : Major problems arise with an extremely rapid pace of urbanization and with the high proportion of citizens living in slum and squatter areas.（極端に急速な都市化が進み、スラムや無断居住者のいる地域に暮らす市民の割合が高くなるにつれて、大きな問題が生じてくる。）

Lesson 21

❹ The unsatisfactory state of water services in fast-growing cities has been obscured by the way the authorities describe 'service coverage'. In Africa, 85 percent of the urban population is reported as having access to improved water services and in Asia and Latin America, the proportion is 93 percent. These figures are based on dubious notions, such as that a tap every 200 meters equals 'universal access' to water. While in the countryside this might be acceptable, in a crowded slum with hundreds of dwellings dependent on one tap, it is not. Studies show that despite the claims of many cities in Asia and Africa to provide improved services to over 90 percent of inhabitants, between 30-50 percent have very inadequate services. Less than half the inhabitants of cities in Africa have water piped to their homes.

❹ topic : the unsatisfactory state of water services in fast-growing cities（急速に成長する都市の水供給の満足できない状態）

main idea : The unsatisfactory state of water services in fast-growing cities has been obscured by the way the authorities describe 'service coverage'.（急速に成長する都市の水の供給は満足できない状態にあるのに、これを曖昧にしてきたのは、当局の「サービス範囲」という表現の仕方であった。）

❺ Since local utilities cannot provide a reasonable or in some cases even a minimal service—if squatters are 'illegal' the authorities usually provide no service at all—people in the poorer parts of town are often exploited by private operators. No doubt the growth of public utilities in 19th century Europe and North America came about in part from the need to deal with this kind of unregulated and exploitative practice. In the late 20th century, when urbanization was taking place even more rapidly in developing countries, the lessons drawn were different.

❺ topic : people in the poorer parts of town exploited by private operators（私的な業者に搾取される貧しい地域の人たち）
main idea : The growth of public utilities in 19th century Europe and North America came about in part from the need to deal with the exploitative practice. In the late 20th century, when urbanization was taking place even more rapidly in developing countries, the lessons drawn were different.（19世紀のヨーロッパや北アメリカで公共事業が発展したが、これが生じたことの一部には、搾取となるような行為に対処する必要性があった。20世紀後半に、発展途上国でさらに急速に都市化が起こったときには、これとは違う教訓が引き出された。）

Lesson 21

Lesson 21

❻ The conclusion should have been that the political economy of water services in the industrialized world was unsuitable and unaffordable for the straining urban fabric in Africa, Asia, and Latin America, and that locally adapted options should be encouraged to emerge. There were many issues surrounding how to build and pay for vital services in problematic urban environments. But they all became submerged by belief in the prevailing dogma about markets and privatization.

❻ topic : the conclusion which should have been drawn（引き出されるべきであった結論）

main idea : The political economy of water services in the industrialized world was unsuitable and unaffordable for the straining urban fabric in Africa, Asia, and Latin America, and locally adapted options should be encouraged to emerge.（産業化した世界の国々の水供給の政治経済学が、アジアやアフリカやラテンアメリカのゆがみを生じている都市構造に関して、当てはまらないし高くつきすぎる。さらに、それぞれの地方に適した選択肢が生まれてくるよう促されるべきだ。）

それでは、次のページで、手順2での作業を基に、今回の英文の全体的な論旨をダイアグラムとして提示してみましょう。これで、要約すべき素材の全体像をつかんだことになります。

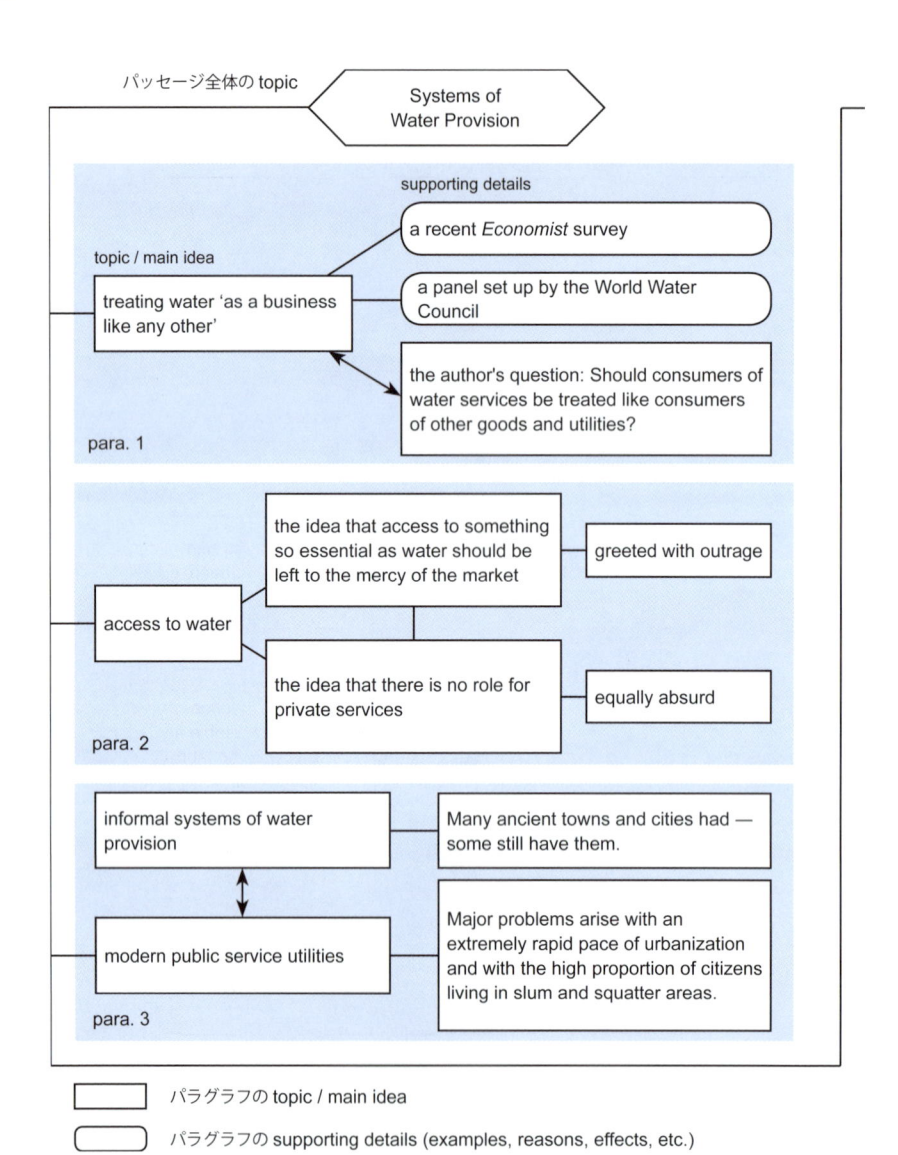

Lesson 21

パッセージ全体の topic: **Systems of Water Provision**

para. 1

topic / main idea: treating water 'as a business like any other'

supporting details:
- a recent *Economist* survey
- a panel set up by the World Water Council
- the author's question: Should consumers of water services be treated like consumers of other goods and utilities?

para. 2

access to water
- the idea that access to something so essential as water should be left to the mercy of the market → greeted with outrage
- the idea that there is no role for private services → equally absurd

para. 3

informal systems of water provision ↕ modern public service utilities
- Many ancient towns and cities had — some still have them.
- Major problems arise with an extremely rapid pace of urbanization and with the high proportion of citizens living in slum and squatter areas.

☐ パラグラフの topic / main idea

◯ パラグラフの supporting details (examples, reasons, effects, etc.)

>> 理論編 >> 応用編

```
┌─────────────────────────────────────────────────────────────────┐
│  ┌──────────────────────┐      ┌──────────────────────────┐     │
│→ │ the unsatisfactory   │ ←─── │ It has been obscured by  │     │
│  │ state of water       │      │ the way the authorities  │     │
│  │ services in fast-    │      │ describe 'service        │     │
│  │ growing cities       │      │ coverage'.               │     │
│  └──────────────────────┘      └──────────────────────────┘     │
│  para. 4                                                         │
└─────────────────────────────────────────────────────────────────┘

┌─────────────────────────────────────────────────────────────────┐
│  ┌──────────────────┐    ┌────────────────────────────┐         │
│→ │ people in the    │ ←──│ no reasonable service      │         │
│  │ poorer parts of  │    │ provided by local          │         │
│  │ town exploited   │    │ utilities                  │         │
│  │ by private       │    └────────────────────────────┘         │
│  │ operators        │                                            │
│  └──────────────────┘                                            │
│         ┌──────────────────────┐   ┌────────────────────────┐   │
│         │ the growth of public │←─→│ developing countries   │   │
│         │ utilities in 19th    │   │ with more rapid        │   │
│         │ century Europe and   │   │ urbanaization: the     │   │
│         │ North America        │   │ different lessons      │   │
│         └──────────────────────┘   └────────────────────────┘   │
│  para. 5                                                         │
└─────────────────────────────────────────────────────────────────┘

┌─────────────────────────────────────────────────────────────────┐
│                    ┌──────────────────────────────────────────┐ │
│                    │ The political economy of water services  │ │
│                    │ in the industrialized world was          │ │
│                    │ unsuitable and unaffordable for the      │ │
│                    │ straining urban fabric in Africa, Asia,  │ │
│                    │ and Latin America.                       │ │
│                    └──────────────────────────────────────────┘ │
│→ ┌──────────────────┐                                            │
│  │ the conclusion   │                                            │
│  │ which should     │                                            │
│  │ have been drawn  │ ┌──────────────────────────────────────┐  │
│  └──────────────────┘ │ Locally adapted options should be     │  │
│                       │ encouraged to emerge.                 │  │
│                       └──────────────────────────────────────┘  │
│                                                                  │
│         ┌──────────────────────────────────────────────────┐    │
│         │ All the issues became submerged by belief in the │    │
│         │ prevailing dogma about markets and privatization.│    │
│         └──────────────────────────────────────────────────┘    │
│  para. 6                                                         │
└─────────────────────────────────────────────────────────────────┘
```

───── 内容上のつながり　　←─── 因果関係　　←──→ 比較・対比関係

Lesson 21

Lesson 21

● **アウトライン作成**

● 〈**手順3**〉次に、アウトラインを作成してみましょう。

　パラグラフの順序通りに作る場合と、手順1の考察を生かして、「事実」、「価値評価を含む意見」の2つの観点から整理する場合が、今回考えられます。前者は、手順2で、2度目に読んだ際にチェックした箇所を順序通りにメモすればよいです。（上記の topic と main idea の整理とほとんど変わりません。）従って、ここでは、後者の「組み立て直した」アウトラインを作ってみることにします。

〈発展途上国における水の供給〉
- I.　現在の状況
    1. 私的な業者による水供給
    - （1）大昔からあり現在も残る ― ❸
    - （2）貧しい地域の人たちは搾取されている（これが欧米では公共化の意図の一つ）― ❺
    2. 公共サービスとしての供給
    - （1）近代的な工事によって進められている ― ❸
    - （2）極端な都市化のせいで問題が起きている ― ❸
    - （3）当局の評価と違って実態は不十分 ― ❹
- II.　問題の解決策
    1. 市場主義と民営化の提案
    - （1）著者は疑問を持つ ― ❶
    - （2）発展途上国の状況に適合しない ― ❻
    2. 私企業の役割
    - （1）全くない（著者は「ばかげている」と批判）― ❷
    3. 著者
    - （1）産業化された国々の政治経済学は当てはまらない ― ❻
    - （2）地域に適合した選択肢が現れるべき ― ❻

● **解答例・解説**

● 〈**手順4**〉実際の解答作成へと進みます。

>> 理論編 ‖ >> 応用編

　基本的には、作成したアウトラインに従って文章化していきます。叙述の順序通りにつなげていく解答作成に加え、手順1で捉えた「現状」「あるべきやり方への意見」の観点から整理し組み立て直した解答の2つを作ってみましょう。

解答例1　水の供給をビジネスとして扱うべきだという主張がなされているが、疑問の余地がある。（← ❶）もっとも、企業の果たす役割がないと考えるのもばかげている。（← ❷）発展途上国では、昔からある私的な水供給が残る一方で、近代的な公共サービスが取り入れられている。（← ❸）しかし、当局の見解とは違って、実際は急速な都市化につれて、不十分な供給状況となっている。（← ❹）19世紀に、私的営業者の搾取を防止する意図もあって発展した欧米の公共事業とは異なった問題が意識されるべきである。（← ❺）欧米式の考え方はゆがみを生じている発展途上国の都市構造には適合しない。それぞれの場所に適した方法を考えるべきである。（← ❻）（274字）

解説　一つ目の解答例。手順2で行った topic、main idea の把握に基づいている。各部分の後に、根拠となったパラグラフの番号を入れてある。

解答例2　水の供給に関して、欧米の先進国では、19世紀に私企業の搾取を防止する目的もあって公共事業が発展した。現在発展途上国でも、私企業の水供給に代わって公共サービスが取り入れられつつある。しかし、当局側の主張と異なり、実際にはきわめて不十分な供給しか実現していない。ここには、急速な都市化に伴う問題を抱える発展途上国固有の問題がありそうだ。現在、水供給をビジネスとして扱おうという提案がなされているが、私企業の役割を認めるにしても、産業化された国々の政治や経済の考え方は適合しない。地域に即した選択肢を模索すべきである。（255字）

解説　もう一つの、事実／当為の観点から組み立て直した解答例。含まれている内容は、もちろん［解答例1］と変わらないが、前半に、欧米諸国と比べた発展途上国の現在の水供給に関する「事実」をまとめ、後半に「どうすべきか」の意見を、ビジネス化の主張と著者の判断を対比させる形でまとめている。手順3のアウトラインが基になっている。

Lesson 21

Lesson 21

Step 4 — Japanese translations 英文と和訳の確認

CD 77 〜 78

❶ ① Delivering water to households and removing wastewater from them, declared a recent *Economist* survey, is best done by treating water 'as a business like any other'. ② This is also the conclusion of a March 2003 report on the financing of water schemes by a panel set up by the World Water Council (WWC), chaired by Michel Camdessus, a former managing director of the International Monetary Fund (IMF). ③ A panel full of bankers and international corporate representatives could be expected to think along those lines. ④ But should consumers of water services be treated like consumers of other goods and utilities, some of which may be basic but not fundamental to human existence?

❷ ① The idea that access to something so essential as water should be left to the mercy of the market has been greeted with outrage. ② But does this mean there is no role for private services, or that pipes and pumps should all be free? ③ That would be equally absurd.

❶ ①家庭に水を届けそこから排水を取り除くことを、もっとも上手くやるには、「水を他と同じようにビジネスとして」扱うことだ、ある最近の『エコノミスト』の調査ではこう断言されていた。②これはまた、水の供給計画への資金調達に関する2003年3月のある報告書の結論でもある。この報告書は世界水会議（WWC）がセッティングした公開討論会によるものである。議長を務めたミシェル・カムドシュは、国際通貨基金（IMF）の元専務理事である。③銀行家や国際的な企業の代表たちが大勢集まった公開討論が、この線に沿って考えることは、予想できることだった。④しかし、水の供給を受ける消費者というものは、他の商品やサービスの消費者と同様な扱いを受けるべきなのだろうか？これらの商品やサービスの中には、基本的ではあっても人が生きていくのに根本的に必要というのでもないものが含まれている。

❷ ①水のような本質的に重要なものの入手を、市場のなすがままに任せるべきだという考えは、これまで怒りを持って迎えられてきた。②しかしこのことが意味するのは、企業サービスの果たすべき役割などないとか、パイプもポンプも全部ただであるべきだということだろうか？③だとしたら同じくらいばかげている。

Lesson 21

Lesson 21

❸ ① Many ancient towns and cities had—some still have—informal systems of water provision where people pay. ② In Bhuj, Gujarat, the shops in the market alleyways buy their water daily by the container or can. ③ In Merca, Somalia, and other towns in the dusty Horn of Africa, water collection and distribution still keeps a host of donkey cart owners and their boys in business. ④ As the city fabric becomes more sophisticated, modern works take over. ⑤ But major problems arise with an extremely rapid pace of urbanization and with the high proportion of citizens living in slum and squatter areas. ⑥ As new shanty-towns spring up, public service utilities originally designed to provide services for a few hundred thousand people have been overwhelmed by populations soaring into the millions. ⑦ Those in the poorer end of town cope as best they can.

❹ ① The unsatisfactory state of water services in fast-growing cities has been obscured by the way the authorities describe 'service coverage'. ② In Africa, 85 pecent of the urban population is reported as having access to improved water services and in Asia and Latin America, the proportion is 93 percent. ③ These figures are based on dubious notions, such as that a tap every 200 meters equals 'universal access' to water. ④ While in the countryside this might be acceptable, in a crowded slum with hundreds of dwellings dependent on one tap, it is not. ⑤ Studies show that despite the claims of many cities in Asia and Africa to provide improved services to over 90 percent of inhabitants, between 30-50 percent have very inadequate services. ⑥ Less than half the inhabitants of cities in Africa have water piped to their homes.

❸ ①古代の町や都市の多くには、今でもそういうところがあるが、私的な水供給システムがあり、人々がお金を支払っていた。②ブージやクジャラートでは、市場の裏通りの店が、容器や缶毎にいくらという形で、毎日水を買っている。③アフリカの角と呼ばれる地域のメルカやソマリアその他の町では、水を集めたり配達したりすることが、今でもロバの引く荷車を持つ大勢の人やその子供たちの商売になっている。④都市の構造がより精緻なものになるにつれて、近代的な工事を行うことがこれに取って代わる。⑤ところが、極端に急速な都市化が進み、スラムや無断居住者のいる地域に暮らす市民の割合が高くなるにつれて、大きな問題が生じてくる。⑥新たに貧民街が生じることによって、元々数十万人の人々にサービスを提供するよう設計された公共サービスの設備が、数百万人にふくれあがる人口によって圧倒されてしまう。⑦町の比較的貧しい末端部にいる人々は、精一杯対処している。

❹ ①急速に成長する都市の水の供給は満足できない状態にあるのに、これを曖昧にしてきたのは、当局の「サービス範囲」という表現の仕方であった。②アフリカでは、都市住民の85%が進歩した水供給のサービスを使用できると報告されている。またアジアとラテンアメリカでは、その割合は93%であるという。③これらの数字は疑わしい考え方に基づいている。それはたとえば、200メーター毎に蛇口があることが、水の「誰もが利用できる状態」に相当する、というものだ。④地方でこのことは容認しうるが、何百人もの住人が一つの蛇口に依存するような過密なスラム街にいては、そうはならない。⑤調査によって明らかになっていることだが、アジアやアフリカの多くの都市が、住民の90%以上に進歩したサービスを提供していると主張していても、30〜50%の人は、ひどく不十分なサービスしか受けていないのである。⑥アフリカの都市の住民の中で、自分の家に水道が届いているのは半分に満たない。

Lesson 21

Lesson 21

❺ ① Since local utilities cannot provide a reasonable or in some cases even a minimal service—if squatters are 'illegal' the authorities usually provide no service at all—people in the poorer parts of town are often exploited by private operators. ② No doubt the growth of public utilities in 19th century Europe and North America came about in part from the need to deal with this kind of unregulated and exploitative practice. ③ In the late 20th century, when urbanization was taking place even more rapidly in developing countries, the lessons drawn were different.

❻ ① The conclusion should have been that the political economy of water services in the industrialized world was unsuitable and unaffordable for the straining urban fabric in Africa, Asia, and Latin America, and that locally adapted options should be encouraged to emerge. ② There were many issues surrounding how to build and pay for vital services in problematic urban environments. ③ But they all became submerged by belief in the prevailing dogma about markets and privatization.

❺ ①地方公共事業では、まずまずのサービスなど得られていない。場合によっては最低限のものもないのである。無断居住者が'非合法'である限り、当局は全くサービスを提供しないのが普通だ。こういう事情があるので、町の比較的貧しい地域の人々は、私的な営業を行う者達から搾取されることが多い。② 19 世紀のヨーロッパや北アメリカで公共事業が発展したが、これが生じたことの一部には、この種の規制を受けない搾取となるような行為に対処する必要性があった。③ 20 世紀後半に、発展途上国でさらに急速に都市化が起こったときには、これとは違う教訓が引き出された。

❻ ①ここで本来引き出されるべき結論はこうだったのである。つまり、産業化した世界の国々の水供給の政治経済学が、アジアやアフリカやラテンアメリカのゆがみを生じている都市構造に関して、当てはまらないし高くつきすぎる。さらに、それぞれの地方に適した選択肢が生まれてくるよう促されるべきだということである。②問題の多い都市環境の中で、不可欠なサービスをいかに構築しその支払いをするのかを巡って、多くの問題があった。③ところが、市場と民営化についての蔓延している独断的な意見を信じたために、これらの問題の全てが、覆い隠されてしまったのである。

著者紹介

野田　尚文(のだ　たかふみ)

トフルゼミナール英語教育研究所主任研究員。山梨県甲府市生まれ。甲府第一高校から国際基督教大学を卒業後、同大学院比較文化研究科に進学。修士号（M.A.）を取得。1994 ～ 1996NHK テレビ英会話上級テキスト編集協力。複数大学で英語・現代思想・言語文化論・精神分析等に関する講義経験がある。著書に『これで解決！英語気になる長文問題』（東京書籍）、『ICU の英語』『慶應 SFC の英語』『早稲田国際教養の英語』（監修）、『AO・推薦入試のポイント』（共著）、『PROCESS 3 英文読解の実践』（共著）（すべてテイエス企画刊）がある。最近、アジアの路上マーケットと屋台料理に惹き付けられている。

PROCESS（プロセス）4 英文読解の完成

発行	：2013 年 3 月 30 日　第 1 版第 1 刷
著者	：野田　尚文©
発行者	：山内　哲夫
企画・編集	：トフルゼミナール英語教育研究所
発行所	：テイエス企画株式会社
	〒 169-0075　東京都新宿区高田馬場 1-30-5 千寿ビル 6F
	TEL (03)-3207-7581(代)
	e-mail：books@tsnet.co.jp
	URL：http://www.tofl.jp/books
印刷・製本	：日経印刷株式会社
編集	：飯塚香
DTP	：野村真美
本文デザイン	：有限会社トゥエンティフォー
装丁	：株式会社コミュニケーション・エンジニアーズ
CD 製作	：株式会社ルーキー
CD ナレーション	：Greg Dale、Peter von Gomm、Rachel Walzer

ISBN 978-4-88784-142-0 C7082

乱丁・落丁は弊社にてお取り替えいたします。